厚大法考 Judicial Examination

2020主观题

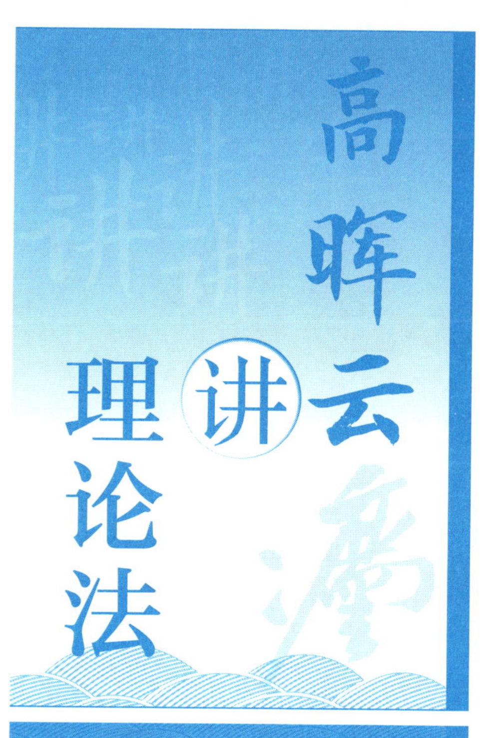

高晖云／编著

厚大出品

慎终如始
始终如一
高晖云

中国政法大学出版社

登高山务攻绝顶　赏大雪莫畏严寒

做法治之光

——致亲爱的考生朋友

如果问哪个群体会真正认真地学习法律，我想答案可能是备战法考的考生。

当厚大的老总力邀我们全力投入法考的培训事业，他最打动我们的一句话就是：这是一个远比象牙塔更大的舞台，我们可以向那些真正愿意去学习法律的同学普及法治的观念。

应试化的法律教育当然要帮助同学们以最便捷的方式通过法考，但它同时也可以承载法治信念的传承。

一直以来，人们习惯将应试化教育和大学教育对立开来，认为前者不登大雅之堂，充满填鸭与铜臭。然而，没有应试的导向，很少有人能够真正自律到系统地学习法律。在许多大学校园，田园牧歌式的自由放任也许能够培养出少数的精英，但不少学生却是在游戏、逃课、昏睡中浪费生命。人类所有的成就靠的其实都是艰辛的训练；法治建设所需的人才必须接受应试的锤炼。

应试化教育并不希望培养出类拔萃的精英，我们只希望为法治建设输送合格的人才，提升所有愿意学习法律的同学整体性的法律知识水平，培育真正的法治情怀。

厚大教育在全行业中率先推出了免费视频的教育模式，让优质的教育从此可以遍及每一个有网络的地方，经济问题不会再成为学生享受这些教育资源的壁垒。

最好的东西其实都是免费的，阳光、空气、无私的爱，越是弥足珍贵，越是免费的。我们希望厚大的免费课堂能够提供最优质的法律教育，一如阳光遍洒四方，带给每一位同学以法律的温暖。

没有哪一种职业资格考试像法考一样，科目之多、强度之大令人咂舌，这也是为什么通过法律职业资格考试是每一个法律人的梦想。

法考之路，并不好走。有沮丧、有压力、有疲倦，但愿你能坚持。

坚持就是胜利，法律职业资格考试如此，法治道路更是如此。

当你成为法官、检察官、律师或者其他法律工作者，你一定会面对更多的挑战、更多的压力，但是我们请你持守当初的梦想，永远不要放弃。

人生短暂，不过区区三万多天。我们每天都在走向人生的终点，对于每个人而言，我们最宝贵的财富就是时间。

感谢所有参加法考的朋友，感谢你愿意用你宝贵的时间去助力中国的法治建设。

我们都在借来的时间中生活。无论你是基于何种目的参加法考，你都被一只无形的大手抛进了法治的熔炉，要成为中国法治建设的血液，要让这个国家在法治中走向复兴。

数以万计的法条，盈千累万的试题，反反复复的训练。我们相信，这种貌似枯燥机械的复习正是对你性格的锤炼，让你迎接法治使命中更大的挑战。

亲爱的朋友，愿你在考试的复习中能够加倍地细心。因为将来的法律生涯，需要你心思格外的缜密，你要在纷繁芜杂的证据中不断搜索，发现疑点，去制止冤案。

亲爱的朋友，愿你在考试的复习中懂得放弃。你不可能学会所有的知识，抓住大头即可。将来的法律生涯，同样需要你在坚持原则的前提下有所为、有所不为。

亲爱的朋友，愿你在考试的复习中沉着冷静。不要为难题乱了阵脚，实在不会，那就绕道而行。法律生涯，道阻且长，唯有怀抱从容淡定的心才能笑到最后。

法律职业资格考试不仅仅是一次考试，它更是你法律生涯的一次预表。

我们祝你顺利地通过考试。

不仅仅在考试中，

也在今后的法治使命中，不悲伤、不犹豫、不彷徨。

但求理解。

厚大全体老师 谨识

2019年11月

目 录 CONTENTS

第1编 中国特色社会主义法治理论 ▶001

专题1 中国特色社会主义法治建设基本原理 …………………… ▶001

一、全面依法治国的重大意义 ………………………………… ▶002

二、全面依法治国的指导思想和总目标 ……………………… ▶003

三、全面依法治国的基本原则 ………………………………… ▶005

四、新时代深化依法治国实践的主要任务 …………………… ▶009

专题2 法治工作的基本格局 …………………………………… ▶013

一、完善以宪法为核心的中国特色社会主义法律体系，加强宪法实施 ………………………………………………… ▶014

二、深入推进依法行政，加快建设法治政府 ………………… ▶020

三、保证公正司法，提高司法公信力 ………………………… ▶023

四、增强全民法治观念，推进法治社会建设 ………………… ▶029

五、健全完善监督体系、监督制度，强化对权力的监督 …… ▶032

专题3 法治工作的重要保障 …………………………………… ▶035

一、加强法治工作队伍建设 …………………………………… ▶035

二、加强和改进党对全面依法治国的领导 …………………… ▶037

第2编 基本概念、原理速查 ▶044

一、法治 ▶044

二、社会主义法治 ▶044

三、社会主义法治国家的制度条件、思想条件 ▶045

四、社会主义法治国家的历史任务 ▶045

五、法治与法制 ▶045

六、法治与人治 ▶045

七、法治与民主 ▶046

八、社会主义法治与民主 ▶046

九、法律至上（原则） ▶046

十、权利保障（原则） ▶047

十一、权力制约（原则） ▶047

十二、正当程序（原则） ▶047

十三、秩序 ▶047

十四、自由 ▶048

十五、正义 ▶048

十六、人权 ▶049

十七、中国特色社会主义法律体系 ▶049

十八、中国特色社会主义法治体系 ▶049

十九、法律体系与法治体系的区别 ▶050

二十、全面依法治国的工作重点和总抓手 ▶050

二十一、中国特色社会主义法治道路的核心要义 ▶050

二十二、法的现代化 ▶051

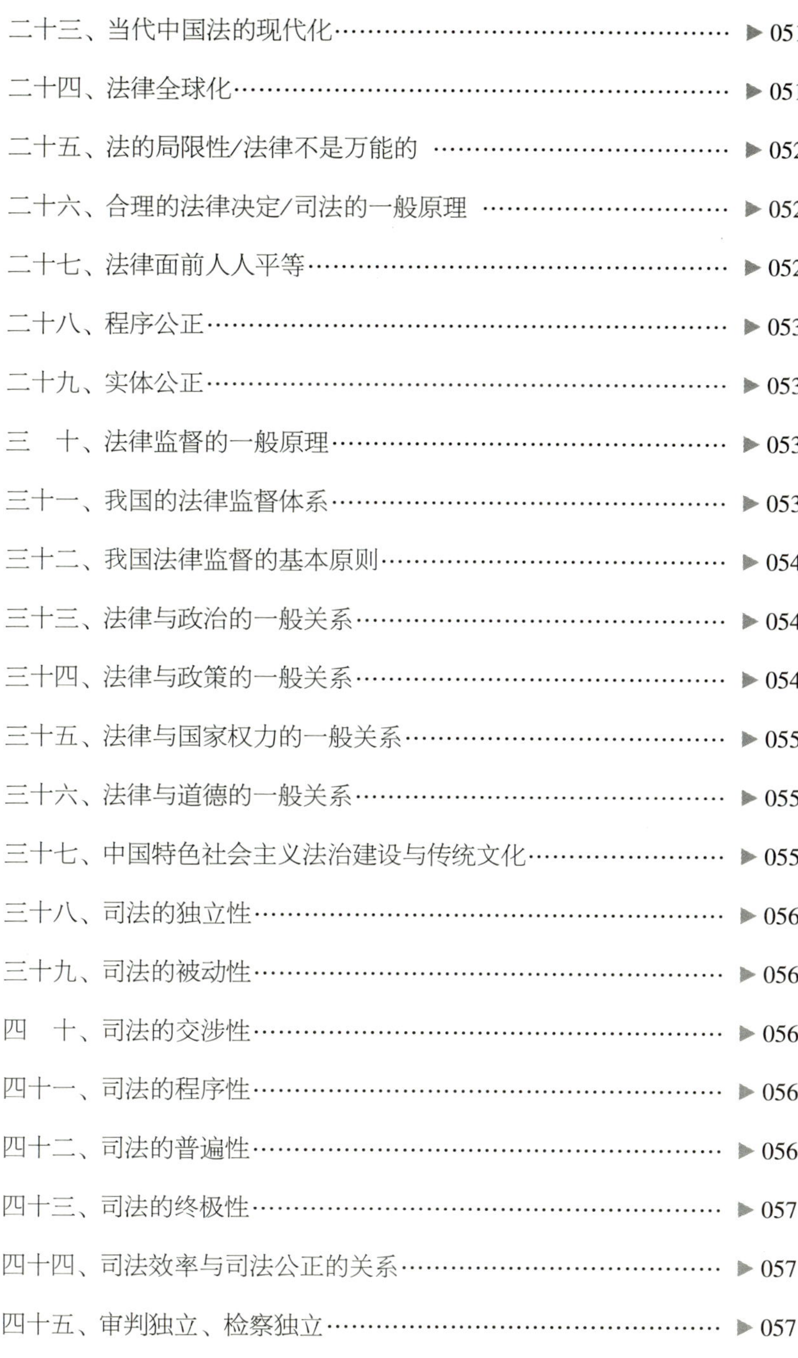

二十三、当代中国法的现代化 ▶051
二十四、法律全球化 ▶051
二十五、法的局限性/法律不是万能的 ▶052
二十六、合理的法律决定/司法的一般原理 ▶052
二十七、法律面前人人平等 ▶052
二十八、程序公正 ▶053
二十九、实体公正 ▶053
三　十、法律监督的一般原理 ▶053
三十一、我国的法律监督体系 ▶053
三十二、我国法律监督的基本原则 ▶054
三十三、法律与政治的一般关系 ▶054
三十四、法律与政策的一般关系 ▶054
三十五、法律与国家权力的一般关系 ▶055
三十六、法律与道德的一般关系 ▶055
三十七、中国特色社会主义法治建设与传统文化 ▶055
三十八、司法的独立性 ▶056
三十九、司法的被动性 ▶056
四　十、司法的交涉性 ▶056
四十一、司法的程序性 ▶056
四十二、司法的普遍性 ▶056
四十三、司法的终极性 ▶057
四十四、司法效率与司法公正的关系 ▶057
四十五、审判独立、检察独立 ▶057

第3编 论述题模考演练 ▶059

专题1 论述题的结构、评分及写作示例 ▶059

一、主观题的逻辑结构 ▶059

二、主观题的评分标准 ▶061

三、写作示例 ▶062

四、写作形式要求 ▶067

专题2 案例写作演练 ▶070

案例一 回避、法官中立 ▶070

案例二 审判制度与司法公正 ▶074

案例三 法的渊源 ▶078

案例四 人大代表选举 ▶082

案例五 香港议员宣誓事件 ▶087

专题3 论述题模拟演练 ▶091

案例一 法治与德治 ▶091

案例二 "共建共治共享"的社会治理格局 ▶095

案例三 党的领导和社会主义法治的关系 ▶099

案例四 司法活动的监督与司法廉洁 ▶103

案例五 法律职业道德的基本原则 ▶106

案例六 树立法治意识、健全普法机制 ▶109

案例七 加强对司法活动的监督 ▶112

案例八 政府依法全面履行职能 ▶116

案例九 完善立法体制 ▶119

案例十 加强和改进党对全面依法治国的领导 ▶122

案例十一 《中国共产党政法工作条例》与党内法规 …………▶125
案例十二 树立全社会法治意识 ……………………………▶129
案例十三 从中国实际出发与创新法治人才培养 ……………▶133
案例十四 党对法治建设的领导 ……………………………▶137
案例十五 提高立法质量与完善立法体制 ……………………▶140
案例十六 法官职业道德与司法体制改革 ……………………▶144

第4编 法律格言分类举要 ▶148

一、立法…………………………………………………………▶148
二、执法…………………………………………………………▶149
三、司法…………………………………………………………▶150
四、守法…………………………………………………………▶151
五、法律监督……………………………………………………▶152
六、法治与德治…………………………………………………▶152
七、法与平等……………………………………………………▶153
八、法与自由……………………………………………………▶153
九、法与秩序……………………………………………………▶154
十、法与正义……………………………………………………▶155
十一、法与人权…………………………………………………▶155

中国特色社会主义法治理论

知识结构

- 中国特色社会主义法治理论
  - 基本原理
    - 全面依法治国的重大意义
    - 全面依法治国的指导思想和总目标
    - 全面依法治国的基本原则
    - 新时代深化依法治国实践的主要任务
  - 法治工作的基本格局
    - 完善中国特色社会主义法律体系，加强宪法实施
    - 深入推进依法行政，加快建设法治政府
    - 保证公正司法，提高司法公信力
    - 增强全民法治观念，推进法治社会建设
    - 健全完善监督体系、监督制度，强化对权力的监督
  - 法治工作重要保障
    - 加强法治工作队伍建设
    - 加强和改进党对全面依法治国的领导

专题1　中国特色社会主义法治建设基本原理

- 基本原理
  - 全面依法治国的重大意义
    - 依法治国的性质和地位
    - 依法治国与全面建成小康社会、全面深化改革
    - 法治建设的历史成就
    - 法治建设的现存问题和时代要求
  - 全面依法治国的指导思想和总目标
  - 全面依法治国的基本原则
    - 坚持中国共产党的领导
    - 坚持人民主体地位
    - 坚持法律面前人人平等
    - 坚持依法治国和以德治国相结合
    - 坚持从中国实际出发
  - 新时代深化依法治国实践的主要任务
    - 深化依法治国实践的具体任务
    - 十九届四中全会的新要求

一、全面依法治国的重大意义

依法治国的性质和地位	(1) 坚持和发展中国特色社会主义的本质要求和重要保障。
	(2) 实现国家治理体系和治理能力现代化的必然要求。
	(3) 事关我们党执政兴国，事关人民幸福安康，事关党和国家长治久安。
依法治国的必要性	(1) 全面建成小康社会、实现中华民族伟大复兴的中国梦，全面深化改革、完善和发展中国特色社会主义制度，提高党的执政能力和执政水平，必须全面依法治国。
	(2) 我国正处于社会主义初级阶段，党的十九大报告提出："中国特色社会主义进入新时代，我国社会主要矛盾已经转化为人民日益增长的美好生活需要和不平衡不充分的发展之间的矛盾。"我国当前的社会主要矛盾，一方面表现为人民美好生活需要日益广泛，不仅对物质文化生活提出了更高要求，而且在民主、法治、公平、正义、安全、环境等方面的要求日益增长；另一方面表现为我国社会生产力水平总体上显著提高，社会生产能力在很多方面进入世界前列，更加突出的问题是发展不平衡、不充分，这已经成为满足人民日益增长的美好生活需要的主要制约因素。
	(3) 同时，全面建成小康社会进入决定性阶段，改革进入攻坚期和深水区，国际形势复杂多变，我们党面对的改革发展稳定任务之重前所未有、矛盾风险挑战之多前所未有，依法治国的地位更加突出、作用更加重大。
历史成就	(1) 我们党高度重视法治建设。长期以来，特别是党的十一届三中全会以来，我们党深刻总结我国社会主义法治建设的成功经验和深刻教训，提出为了保障人民民主，必须加强法治，必须使民主制度化、法律化，把依法治国确定为党领导人民治理国家的基本方略，把依法执政确定为党治国理政的基本方式，积极建设社会主义法治，取得历史性成就。
	(2) 目前，中国特色社会主义法律体系已经形成，法治政府建设稳步推进，司法体制不断完善，全社会法治观念明显增强。特别是党的十八大以来，民主法制建设迈出重大步伐。积极发展社会主义民

续表

历史成就	主政治，推进全面依法治国，党的领导、人民当家作主、依法治国有机统一的制度建设全面加强，党的领导体制机制不断完善，社会主义民主不断发展，党内民主更加广泛，社会主义协商民主全面展开，爱国统一战线巩固发展，民族宗教工作创新推进。科学立法、严格执法、公正司法、全民守法深入推进，法治国家、法治政府、法治社会建设相互促进，中国特色社会主义法治体系日益完善，全社会法治观念明显增强。国家监察体制改革试点取得实效，行政体制改革、司法体制改革、权力运行和监督体系建设有效实施。
现存问题	必须认识到，新时代我国社会主要矛盾的变化是关系全局的历史性变化，对党和国家工作提出了许多新要求。正如党的十九大报告所指出的："社会矛盾和问题交织叠加，全面依法治国任务依然繁重，国家治理体系和治理能力有待加强。"
	（1）有的法律法规未能全面反映客观规律和人民意愿，针对性、可操作性不强，立法工作中部门化倾向、争权诿责现象较为突出。
	（2）有法不依、执法不严、违法不究现象比较严重，执法体制权责脱节、多头执法、选择性执法现象仍然存在，执法司法不规范、不严格、不透明、不文明现象较为突出，群众对执法司法不公和腐败问题反映强烈。
	（3）部分社会成员尊法信法守法用法、依法维权意识不强，一些国家工作人员特别是领导干部依法办事观念不强、能力不足，知法犯法、以言代法、以权压法、徇私枉法现象依然存在。

二、全面依法治国的指导思想和总目标

（一）指导思想

全面依法治国，必须贯彻落实党的十九大精神，高举中国特色社会主义伟大旗帜，以马克思列宁主义、毛泽东思想、邓小平理论、"三个代表"重要思想、科学发展观、习近平新时代中国特色社会主义思想为指导，坚持党的领导、人民当家作主、依法治国有机统一，坚定不移走中国特色社会主义法治道路，坚决维护宪法法律权威，依法维护人民权益、维护社会

公平正义、维护国家安全稳定，为实现“两个一百年”奋斗目标、实现中华民族伟大复兴的中国梦提供有力的法治保障。

【口诀】十九大、举旗帜，摸源脉（马列、毛，邓、三、科，习时代），“三者统一”走道路，四维护、两百年，保障复兴中国梦。

（二）总目标

党的十九大报告指出，新时代中国特色社会主义思想“明确全面推进依法治国总目标是建设中国特色社会主义法治体系，建设社会主义法治国家”。具体就是，在中国共产党领导下，坚持中国特色社会主义制度，贯彻中国特色社会主义法治理论，形成完备的法律规范体系、高效的法治实施体系、严密的法治监督体系、有力的法治保障体系，形成完善的党内法规体系，坚持依法治国、依法执政、依法行政共同推进，坚持法治国家、法治政府、法治社会一体建设，实现科学立法、严格执法、公正司法、全民守法，促进国家治理体系和治理能力现代化。

【口诀】建体系、建国家：党的领导，两处特色，五大体系，三个共同推进，三位一体建设，立执司守四环节，体系、能力现代化。

重点说明

提出这个总目标，既明确了全面依法治国的性质和方向，又突出了全面依法治国的工作重点和总抓手。

1. 向国内外鲜明宣示我们将坚定不移走中国特色社会主义法治道路。中国特色社会主义法治道路，是社会主义法治建设成就和经验的集中体现，是建设社会主义法治国家的唯一正确道路。在走什么样的法治道路问题上，必须向全社会释放正确而明确的信号，指明全面依法治国的正确方向，统一全党全国各族人民认识和行动。

2. 明确全面依法治国的总抓手。全面依法治国涉及很多方面，在实际工作中必须有一个总揽全局、牵引各方的总抓手，这个总抓手就是建设中国特色社会主义法治体系。依法治国各项工作都要围绕这个总抓手来谋划、来推进。

3. 建设中国特色社会主义法治体系、建设社会主义法治国家是实现国家治理体系和治理能力现代化的必然要求，也是全面深化改革的必然要求，有利于在法治轨道上推进国家治理体系和治理能力现代化，有利于在全面深化改革总体框架内全面推进依法治国各项工作，有利于在法治轨道上不断深化改革。

（三）习近平总书记关于全面依法治国的重要论述的主要内容和时代意义

1. 主要内容

即“10 个坚持”：坚持加强党对依法治国的领导，坚持人民主体地位，坚持中国特色社会主义法治道路，坚持建设中国特色社会主义法治体系，坚持依法治国、依法执政、依法行政共同推进，法治国家、法治政府、法治社会一体建设，坚持依宪治国、依宪执政，坚持全面推进科学立法、严格执法、公正司法、全民守法，坚持处理好全面依法治国的辩证关系，坚持建设德才兼备的高素质法治工作队伍，坚持抓住领导干部这个“关键少数”。

【口诀】党领、人、道、法系建，三推三体、两依宪，立执司守要全面，法辩、队伍、领关键。

2. 时代意义

（1）深刻回答了全面依法治国的指导思想、发展道路、工作布局、重点任务等一系列带有方向性、根本性、全局性的重大问题，把我们党对社会主义法治建设的规律的认识提升到了新的高度；

（2）这些重要论述是新时代中国特色社会主义思想的重要组成部分，是新时代法治中国建设实践的思想旗帜和行动纲领，是对马克思主义法治思想的全面继承和创新发展，是对世界法治文明进步作出的中国原创性理论贡献。

三、全面依法治国的基本原则

【注意】全面依法治国是一个系统工程，是国家治理领域一场广泛而深刻的革命，需要付出长期艰苦努力。

（一）坚持中国共产党的领导

1. 党的领导是中国特色社会主义最本质的特征，是社会主义法治最根本的保证。把党的领导贯彻到依法治国全过程和各方面，是我国社会主义法治建设的一条基本经验。

2. 我国宪法确立了中国共产党的领导地位。坚持党的领导，是社会主义法治的根本要求，是党和国家的根本所在、命脉所在，是全国各族人民的利益所系、幸福所系，是全面依法治国的题中应有之义。

重点说明

2018 年《宪法修正案》将其写入《宪法》第 1 条，这是对历史经验和伟大成就的总结，其意义有三：①这是对中国近代历史进程和对中国特色社会主义所取得的伟大成就的总结；②这是对新时代中国特色社会主义建设和发展需求的客观回应；③这是实现“富强民主文明和谐美丽的社会主义现代化强国”目标的科学判断。

3. 党的领导和社会主义法治是一致的。社会主义法治必须坚持党的领导，党的领导必须依靠社会主义法治。只有在党的领导下依法治国、厉行法治，人民当家作主才能充分实现，国家和社会生活法治化才能有序推进。

4. 依法执政，既要求党依据宪法法律治国理政，也要求党依据党内法规管党治党。

5. 必须坚持党领导立法、保证执法、支持司法、带头守法，把依法治国基本方略同依法执政基本方式统一起来，把党总揽全局、协调各方同人大、政府、政协、审判机关、检察机关依法依章程履行职能、开展工作统一起来，把党领导人民制定和实施宪法法律同党坚持在宪法法律范围内活动统一起来。

6. 善于使党的主张通过法定程序成为国家意志，善于使党组织推荐的人选通过法定程序成为国家政权机关的领导人员，善于通过国家政权机关实施党对国家和社会的领导，善于运用民主集中制原则维护中央权威、维

护全党全国团结统一。

重点说明

党和法治的关系是法治建设的核心问题。全面依法治国这件大事能不能办好，最关键的是方向是不是正确、政治保证是不是坚强有力，具体讲就是要坚持党的领导，坚持中国特色社会主义制度，贯彻中国特色社会主义法治理论。党的领导是中国特色社会主义最本质的特征，是社会主义法治最根本的保证。中国特色社会主义制度是中国特色社会主义法治体系的根本制度基础，是全面依法治国的根本制度保障。中国特色社会主义法治理论是中国特色社会主义法治体系的理论指导和学理支撑，是全面依法治国的行动指南。这三个方面实质上是中国特色社会主义法治道路的核心要义，规定和确保了中国特色社会主义法治体系的制度属性和前进方向。

（二）坚持人民主体地位

1. 人民是依法治国的主体和力量源泉，人民代表大会制度是保证人民当家作主的根本政治制度。

知识链接

我国人民代表大会制度的基本内容包括：

（1）人民主权原则。主权在民是人民代表大会制度的逻辑起点（即正当性的来源），人民主权构成了人民代表大会制度的核心原则。

（2）全国人大和地方各级人民代表大会是人民掌握和行使国家权力的组织形式。

（3）人大代表由人民选举，受人民监督。选民或者选举单位有权依法罢免自己选出的代表。

（4）各级人大是国家权力机关，其他国家机关都由人大产生，对其负责，受其监督。

2. 必须坚持法治建设为了人民、依靠人民、造福人民、保护人民，以保障人民根本权益为出发点和落脚点，保证人民依法享有广泛的权利和自由、承担应尽的义务，维护社会公平正义，促进共同富裕。

3. 必须保证人民在党的领导下，依照法律规定，通过各种途径和形式管理国家事务，管理经济文化事业，管理社会事务。

4. 必须使人民认识到法律既是保障自身权利的有力武器，也是必须遵守的行为规范，增强全社会学法尊法守法用法意识，使法律为人民所掌握、所遵守、所运用。

（三）坚持法律面前人人平等

1. 平等是社会主义法律的基本属性。任何组织和个人都必须尊重宪法法律权威，都必须在宪法法律范围内活动，都必须依照宪法法律行使权力或权利、履行职责或义务，都不得有超越宪法法律的特权。

2. 必须维护国家法制统一、尊严、权威，切实保证宪法法律有效实施，绝不允许任何人以任何借口任何形式以言代法、以权压法、徇私枉法。

3. 必须以规范和约束公权力为重点，加大监督力度，做到有权必有责、用权受监督、违法必追究，坚决纠正有法不依、执法不严、违法不究行为。

宪法的发展趋势

1. 各国宪法越来越强调保障人权，不断扩大公民基本权利的范围。

2. 行政权力的强化及其限制。各国宪法一方面确认和授予政府更多的权力，强化行政权力及中央集权的趋势日益明显，比如，行政权对立法权的干预，行政机关受委托行使立法权的现象增加，紧急命令权的行使，等等。另一方面，也更加注重通过设定多种监督机制对政府权力加以限制，以防止政府权力滥用。

3. 各国日益重视建立违宪审查制度来维护宪法的最高权威。

4. 宪法领域从国内法扩展到国际法。许多国家的宪法出现了同国际法相结合的内容，尤其是在人权保障的方面。

（四）坚持依法治国和以德治国相结合

1. 国家和社会治理需要法律和道德共同发挥作用。

2. 必须坚持一手抓法治、一手抓德治，大力弘扬社会主义核心价值观，弘扬中华传统美德，培育社会公德、职业道德、家庭美德、个人品德，既重视发挥法律的规范作用，又重视发挥道德的教化作用，以法治体现道德理念、强化法律对道德建设的促进作用，以道德滋养法治精神、强化道德对法治文化的支撑作用，实现法律和道德相辅相成、法治和德治相得益彰。

（五）坚持从中国实际出发

1. 中国特色社会主义道路、理论体系、制度是全面依法治国的根本遵循。

2. 必须从我国基本国情出发，同改革开放不断深化相适应，总结和运用党领导人民实行法治的成功经验，围绕社会主义法治建设重大理论和实践问题，推进法治理论创新，发展符合中国实际、具有中国特色、体现社会发展规律的社会主义法治理论，为依法治国提供理论指导和学理支撑。

3. 汲取中华法律文化精华，借鉴国外法治有益经验，但决不照搬外国法治理念和模式。

四、新时代深化依法治国实践的主要任务

1. 党的十八届四中全会和党的十九大明确提出，全面依法治国的总目标是建设中国特色社会主义法治体系，建设社会主义法治国家，党的十八届四中全会明确建设中国特色社会主义法治体系的具体任务，即形成完备的法律规范体系、高效的法治实施体系、严密的法治监督体系、有力的法治保障体系，形成完善的党内法规体系。

2. 习近平总书记在党的十九大报告中强调，要深化依法治国实践。全面依法治国是国家治理的一场深刻革命，必须坚持厉行法治，推进科学立法、严格执法、公正司法、全民守法。成立中央全面依法治国领导小组，加强党对法治中国建设的统一领导。加强宪法实施和监督，推进合宪性审

查工作，维护宪法权威，推进科学立法、民主立法、依法立法，以良法促进发展、保障善治。建设法治政府，推进依法行政，严格规范公正文明执法。深化司法体制综合配套改革，全面落实司法责任制，努力让人民群众在每一个司法案件中感受到公平正义。加大全民普法力度，建设社会主义法治文化，树立宪法法律至上、法律面前人人平等的法治理念。各级党组织和全体党员要带头尊法学法守法用法，任何组织和个人都不得有超越宪法法律的特权，绝不允许以言代法、以权压法、逐利违法、徇私枉法。

3. 第十三届全国人大第一次会议审议通过中华人民共和国宪法修正案，对我国现行宪法作出重要修改。这次修改体现了党和国家事业发展的新成就、新经验、新要求，在总体保持我国宪法连续性、稳定性、权威性的基础上推动了宪法与时俱进、完善发展，为新时代坚持和发展中国特色社会主义、实现“两个一百年”奋斗目标和中华民族伟大复兴的中国梦提供了有力的宪法保障。

4. 习近平总书记强调，宪法是国家根本法，是国家各种制度和法律法规的总依据。宪法具有最高的法律地位、法律权威、法律效力。宪法法律的权威源自人民的内心拥护和真诚信仰，加强宪法学习宣传教育是实施宪法的重要基础。要在全社会广泛开展尊崇宪法、学习宪法、遵守宪法、维护宪法、运用宪法的宣传教育，弘扬宪法精神，弘扬社会主义法治意识，增强广大干部群众的宪法意识，使全体人民成为宪法的忠实崇尚者、自觉遵守者、坚定捍卫者。

5. 党的十九届四中全会关于进一步推进全面依法治国的新要求。党的十九届四中全会《中共中央关于坚持和完善中国特色社会主义制度　推进国家治理体系和治理能力现代化若干重大问题的决定》（以下简称《决定》）将“坚持全面依法治国，建设社会主义法治国家，切实保障社会公平正义和人民权利”列为我国国家制度和国家治理体系的13个显著优势之一[1]，明确中国特色社会主义法治体系是中国特色社会主义制度的重要组

〔1〕【13个显著优势】我国国家制度和国家治理体系具有多方面的显著优势，主要是：

（1）坚持党的集中统一领导，坚持党的科学理论，保持政治稳定，确保国家始终沿着社会主义方向前进的显著优势；

成部分，进一步强化了法治体系在国家制度体系和治理体系中的地位。《决定》重申了法治建设的方向、原则、路径和目标任务等重大问题。在此基础上，提出健全保证宪法全面实施的体制机制、完善立法体制机制、健全社会公平正义法制保障制度、加强对法律实施的监督四方面举措，进一步聚焦法治领域支撑中国特色社会主义制度的根本制度、基本制度和重要制度，体现出强烈的问题导向和鲜明的实践特色。

知识链接

1. 宪法是国家的根本法

（1）在内容上，宪法规定一个国家最根本、最核心的问题。

（2）在法律效力上，宪法具有最高法律效力。

❶宪法是制定普通法律的依据，普通法律是宪法的具体化。立法时必须以宪法的规定为依据，使法律具有合宪性。

（2）坚持人民当家作主，发展人民民主，密切联系群众，紧紧依靠人民推动国家发展的显著优势；

（3）坚持全面依法治国，建设社会主义法治国家，切实保障社会公平正义和人民权利的显著优势；

（4）坚持全国一盘棋，调动各方面积极性，集中力量办大事的显著优势；

（5）坚持各民族一律平等，铸牢中华民族共同体意识，实现共同团结奋斗、共同繁荣发展的显著优势；

（6）坚持公有制为主体、多种所有制经济共同发展和按劳分配为主体、多种分配方式并存，把社会主义制度和市场经济有机结合起来，不断解放和发展社会生产力的显著优势；

（7）坚持共同的理想信念、价值理念、道德观念，弘扬中华优秀传统文化、革命文化、社会主义先进文化，促进全体人民在思想上精神上紧紧团结在一起的显著优势；

（8）坚持以人民为中心的发展思想，不断保障和改善民生、增进人民福祉，走共同富裕道路的显著优势；

（9）坚持改革创新、与时俱进，善于自我完善、自我发展，使社会充满生机活力的显著优势；

（10）坚持德才兼备、选贤任能，聚天下英才而用之，培养造就更多更优秀人才的显著优势；

（11）坚持党指挥枪，确保人民军队绝对忠诚于党和人民，有力保障国家主权、安全、发展利益的显著优势；

（12）坚持“一国两制”，保持香港、澳门长期繁荣稳定，促进祖国和平统一的显著优势；

（13）坚持独立自主和对外开放相统一，积极参与全球治理，为构建人类命运共同体不断作出贡献的显著优势。

这些显著优势，是我们坚定中国特色社会主义道路自信、理论自信、制度自信、文化自信的基本依据。

❷任何普通法律都不得与宪法的内容、原则和精神相违背。

❸宪法是一切国家机关、社会团体和全体公民的最高行为准则。

（3）在制定和修改的程序上，宪法比普通法律更加严格。

2. 宪法规范的特点

（1）根本性。宪法规定国家生活中的根本性问题。

（2）最高性。在整个国家的法律体系中，宪法是母法、基础法，其他法律都必须以宪法为制定依据。

（3）原则性。宪法规范只规定有关问题的基本原则。

（4）纲领性。宪法规范明确表达对未来目标的追求。

（5）稳定性。宪法规范具有相对稳定性，不能朝令夕改。

专题 2　法治工作的基本格局

- 法治工作基本格局
  - 完善中国特色社会主义法律体系，加强宪法实施
    - 健全宪法实施和监督制度，健全保证宪法全面实施的体制机制
    - 完善立法体制机制
    - 深入推进科学立法、民主立法
    - 加强重点领域立法
  - 深入推进依法行政，加快建设法治政府
    - 依法全面履行政府职能
    - 健全依法决策机制
    - 深化行政执法体制改革
    - 坚持严格规范公正文明执法
    - 强化对行政权力的制约和监督
    - 全面推进政务公开
  - 保证公正司法，提高司法公信力
    - 完善确保依法独立公正行使审判权和检察权的制度
    - 优化司法职权配置
    - 推进严格司法
    - 保障人民群众参与司法
    - 加强人权司法保障
    - 加强对司法活动的监督
  - 增强全民法治观念，推进法治社会建设
    - 推动全社会树立法治意识
    - 推进多层次多领域依法治理
    - 完善公共法律服务体系
    - 健全依法维权和化解纠纷机制
  - 健全完善监督体系、监督制度，强化对权力的监督
    - 法治监督的重大意义
    - 党和国家监督体系的性质和地位
    - 健全党和国家监督制度的内容
    - 保证行政权、监察权、审判权、检察权依法正确行使

一、完善以宪法为核心的中国特色社会主义法律体系，加强宪法实施

（一）总纲

1. 依法治国是党领导人民治理国家的基本方式。法律是治国之重器，良法是善治之前提。建设中国特色社会主义法治体系，必须坚持立法先行，发挥立法的引领和推动作用，抓住提高立法质量这个关键。要恪守以民为本、立法为民的理念，贯彻社会主义核心价值观，使每一项立法都符合宪法精神、反映人民意志、得到人民拥护。要把公正、公平、公开原则贯穿立法全过程，完善立法体制机制，坚持立改废释并举，增强法律法规的及时性、系统性、针对性、有效性。

2. 党的十九大报告指出，要长期坚持、不断发展我国社会主义民主政治，积极稳妥推进政治体制改革，推进社会主义民主政治制度化、规范化、程序化，保证人民依法通过各种途径和形式管理国家事务。坚持党的领导、人民当家作主、依法治国有机统一。扩大人民有序政治参与，保证人民依法实行民主选举、民主协商、民主决策、民主管理、民主监督；维护国家法制统一、尊严、权威，加强人权法治保障，保证人民依法享有广泛权利和自由。巩固基层政权，完善基层民主制度，保障人民知情权、参与权、表达权、监督权。健全依法决策机制，构建决策科学、执行坚决、监督有力的权力运行机制。推进科学立法、民主立法、依法立法，以良法促进发展、保障善治。

党的十九届四中全会《决定》强调："坚持科学立法、民主立法、依法立法，完善党委领导、人大主导、政府依托、各方参与的立法工作格局，立改废释并举，不断提高立法质量和效率。完善以宪法为核心的中国特色社会主义法律体系，加强重要领域立法，加快我国法域外适用的法律体系建设，以良法保障善治。"

（二）健全宪法实施和监督制度

1. 宪法是党和人民意志的集中体现，是通过科学民主程序形成的根

本法。

(1) 坚持依法治国首先要坚持依宪治国，坚持依法执政首先要坚持依宪执政。

(2) 全国各族人民、一切国家机关和武装力量、各政党和各社会团体、各企业事业组织，都必须以宪法为根本的活动准则，并且负有维护宪法尊严、保证宪法实施的职责。一切违反宪法的行为都必须予以追究和纠正。

2. 完善全国人大及其常委会宪法监督制度，健全宪法解释程序机制。党的十九大报告明确提出："加强宪法实施和监督，推进合宪性审查工作，维护宪法权威。"

(1) 加强备案审查制度和能力建设，把所有规范性文件纳入备案审查范围，依法撤销和纠正违宪违法的规范性文件；

(2) 禁止地方制发带有立法性质的文件。

3. 将每年 12 月 4 日定为国家宪法日。

(1) 在全社会普遍开展宪法教育，弘扬宪法精神；

(2) 建立宪法宣誓制度，凡经人大及其常委会选举或者决定任命的国家工作人员正式就职时公开向宪法宣誓。

4. 健全保证宪法全面实施的体制机制。党的十九届四中全会《决定》强调："依法治国首先要坚持依宪治国，依法执政，首先要坚持依宪执政。加强宪法实施和监督，落实宪法解释程序机制，推进合宪性审查工作，加强备案审查制度和能力建设，依法撤销和纠正违宪违法的规范性文件。坚持宪法法律至上，健全法律面前人人平等机制，维护国家法制统一、尊严、权威，一切违反宪法法律的行为都必须予以追究。"要健全保证宪法全面实施的体制机制，加强对法律实施的监督，健全社会公平正义法治保障制度，提升法治促进治理体系和治理能力现代化的效能。

重点说明

法治权威能不能树立起来，首先要看宪法有没有权威。必须把宣传和树立宪法权威作为全面依法治国的重大事项抓紧、抓好，切实在宪法实施和监督上下功夫。

（三）完善立法体制机制

1. 加强党对立法工作的领导，完善党对立法工作中重大问题决策的程序。

（1）凡立法涉及重大体制和重大政策调整的，必须报党中央讨论决定；

（2）党中央向全国人大提出宪法修改建议，依照宪法规定的程序进行宪法修改；

（3）法律制定和修改的重大问题由全国人大常委会党组向党中央报告。

2. 健全有立法权的人大主导立法工作的体制机制，发挥人大及其常委会在立法工作中的主导作用。

（1）建立由全国人大相关专门委员会、全国人大常委会法制工作委员会组织有关部门参与起草综合性、全局性、基础性等重要法律草案制度；

（2）增加有法治实践经验的专职常委比例；

（3）依法建立健全专门委员会、工作委员会立法专家顾问制度。

3. 加强和改进政府立法制度建设，完善行政法规、规章制定程序，完善公众参与政府立法机制。重要行政管理法律法规由政府法制机构组织起草。

4. 明确立法权力边界，从体制机制和工作程序上有效防止部门利益和地方保护主义法律化。

（1）对部门间争议较大的重要立法事项，由决策机关引入第三方评估，充分听取各方意见，协调决定，不能久拖不决；

（2）加强法律解释工作，及时明确法律规定含义和适用法律依据；

（3）明确地方立法权限和范围，依法赋予设区的市地方立法权。

（四）深入推进科学立法、民主立法、依法立法

1. 加强人大对立法工作的组织协调，健全立法起草、论证、协调、审议机制。

（1）健全向下级人大征询立法意见机制，建立基层立法联系点制度，

推进立法精细化。

(2) 健全法律法规规章起草征求人大代表意见制度，增加人大代表列席人大常委会会议人数，更多发挥人大代表参与起草和修改法律作用。

(3) 完善立法项目征集和论证制度。健全立法机关主导、社会各方有序参与立法的途径和方式。

(4) 探索委托第三方起草法律法规草案。

2. 健全立法机关和社会公众沟通机制，开展立法协商。

(1) 充分发挥政协委员、民主党派、工商联、无党派人士、人民团体、社会组织在立法协商中的作用，探索建立有关国家机关、社会团体、专家学者等对立法中涉及的重大利益调整论证咨询机制；

(2) 拓宽公民有序参与立法途径，健全法律法规规章草案公开征求意见和公众意见采纳情况反馈机制，广泛凝聚社会共识。

3. 完善法律草案表决程序，对重要条款可以单独表决。

4. 严格依照法定权限和程序立法，明确立法权力边界，完善立法工作程序，注意克服立法部门化、地方化倾向，维护社会主义法制的统一和尊严。

重点说明

推进科学立法、民主立法，是提高立法质量的根本途径。科学立法的核心在于尊重和体现客观规律，民主立法的核心在于为了人民、依靠人民。要完善科学立法、民主立法机制，创新公众参与立法方式，广泛听取各方面意见和建议。

（五）加强重点领域立法

1. 依法保障公民权利。

(1) 加快完善体现权利公平、机会公平、规则公平的法律制度，保障公民人身权、财产权、基本政治权利等各项权利不受侵犯，保障公民经济、文化、社会等各方面权利得到落实，实现公民权利保障法治化；

(2) 增强全社会尊重和保障人权意识，健全公民权利救济渠道和方式。

2. 社会主义市场经济本质上是法治经济。

(1) 使市场在资源配置中起决定性作用和更好发挥政府作用，必须以保护产权、维护契约、统一市场、平等交换、公平竞争、有效监管为基本导向，完善社会主义市场经济法律制度。

(2) 健全以公平为核心原则的产权保护制度，加强对各种所有制经济组织和自然人财产权的保护，清理有违公平的法律法规条款。

(3) 创新适应公有制多种实现形式的产权保护制度，加强对国有、集体资产所有权、经营权和各类企业法人财产权的保护。国家保护企业以法人财产依法自主经营、自负盈亏，企业有权拒绝任何组织和个人无法律依据的要求。

(4) 加强企业社会责任立法。

(5) 完善激励创新的产权制度、知识产权保护制度和促进科技成果转化的体制机制。

(6) 加强市场法律制度建设，完善民法典，制定和完善发展规划、投资管理、土地管理、能源和矿产资源、农业、财政税收、金融等方面法律法规，促进商品和要素自由流动、公平交易、平等使用。

(7) 依法加强和改善宏观调控、市场监管，反对垄断，促进合理竞争，维护公平竞争的市场秩序。

(8) 加强军民融合深度发展法治保障。

3. 制度化、规范化、程序化是社会主义民主政治的根本保障。

(1) 以保障人民当家作主为核心，坚持和完善人民代表大会制度，坚持和完善中国共产党领导的多党合作和政治协商制度、民族区域自治制度以及基层群众自治制度，推进社会主义民主政治法治化。

(2) 加强社会主义协商民主制度建设，推进协商民主广泛多层制度化发展，构建程序合理、环节完整的协商民主体系。

(3) 完善和发展基层民主制度，依法推进基层民主和行业自律，实行自我管理、自我服务、自我教育、自我监督。

(4) 完善国家机构组织法，完善选举制度和工作机制。

(5) 加快推进反腐败国家立法，完善惩治和预防腐败体系，形成不敢腐、不能腐、不想腐的有效机制，坚决遏制和预防腐败现象。完善惩治贪污贿赂犯罪法律制度，把贿赂犯罪对象由财物扩大为财物和其他财产性利益。

4. 建立健全坚持社会主义先进文化前进方向、遵循文化发展规律、有利于激发文化创造活力、保障人民基本文化权益的文化法律制度。

（1）制定公共文化服务保障法，促进基本公共文化服务标准化、均等化；

（2）制定文化产业促进法，把行之有效的文化经济政策法定化，健全促进社会效益和经济效益有机统一的制度规范；

（3）制定国家勋章和国家荣誉称号法，表彰有突出贡献的杰出人士；

（4）加强互联网领域立法，完善网络信息服务、网络安全保护、网络社会管理等方面的法律法规，依法规范网络行为。

5. 加快保障和改善民生、推进社会治理体制创新法律制度建设。

（1）依法加强和规范公共服务，完善教育、就业、收入分配、社会保障、医疗卫生、食品安全、扶贫、慈善、社会救助和妇女儿童、老年人、残疾人合法权益保护等方面的法律法规；

（2）加强社会组织立法，规范和引导各类社会组织健康发展；

（3）制定社区矫正法。

6. 贯彻落实总体国家安全观，加快国家安全法治建设，抓紧出台反恐法等一批急需法律，推进公共安全法治化，构建国家安全法律制度体系。

7. 用严格的法律制度保护生态环境，加快建立有效约束开发行为和促进绿色发展、循环发展、低碳发展的生态文明法律制度，强化生产者环境保护的法律责任，大幅度提高违法成本。建立健全自然资源产权法律制度，完善国土空间开发保护方面的法律制度，制定完善生态补偿和土壤、水、大气污染防治及海洋生态环境保护等法律法规，促进生态文明建设。

8. 实现立法和改革决策相衔接，做到重大改革于法有据、立法主动适应改革和经济社会发展需要。实践证明行之有效的，要及时上升为法律。实践条件还不成熟、需要先行先试的，要按照法定程序作出授权。对不适应改革要求的法律法规，要及时修改和废止。

二、深入推进依法行政，加快建设法治政府

（一）总纲

党的十九大要求，建设法治政府，推进依法行政，严格规范公正文明执法。法律的生命力在于实施，法律的权威也在于实施。各级政府必须坚持在党的领导下、在法治轨道上开展工作，创新执法体制，完善执法程序，推进综合执法，严格执法责任，建立权责统一、权威高效的依法行政体制，加快建设职能科学、权责法定、执法严明、公开公正、廉洁高效、守法诚信的法治政府。

重点说明

法律的生命力在于实施，法律的权威也在于实施。“天下之事，不难于立法，而难于法之必行。”如果有了法律而不实施、束之高阁，或者实施不力、做表面文章，那制定再多法律也无济于事。全面推进依法治国的重点应该是保证法律严格实施，做到“法立，有犯而必施；令出，唯行而不返”。政府是执法主体，对执法领域存在的有法不依、执法不严、违法不究甚至以权压法、权钱交易、徇私枉法等突出问题，老百姓深恶痛绝，必须下大气力解决。

（二）依法全面履行政府职能

1. 完善行政组织和行政程序法律制度，推进机构、职能、权限、程序、责任法定化。

（1）行政机关要坚持法定职责必须为、法无授权不可为，勇于负责、敢于担当，坚决纠正不作为、乱作为，坚决克服懒政、怠政，坚决惩处失职、渎职；

（2）行政机关不得法外设定权力，没有法律法规依据不得作出减损公民、法人和其他组织合法权益或者增加其义务的决定；

（3）推行政府权力清单制度，坚决消除权力设租寻租空间。

2. 推进各级政府事权规范化、法律化，完善不同层级政府特别是中央

和地方政府事权法律制度，强化中央政府宏观管理、制度设定职责和必要的执法权，强化省级政府统筹推进区域内基本公共服务均等化职责，强化市县政府执行职责。

（三）健全依法决策机制

1. 把公众参与、专家论证、风险评估、合法性审查、集体讨论决定确定为重大行政决策法定程序，确保决策制度科学、程序正当、过程公开、责任明确。建立行政机关内部重大决策合法性审查机制，未经合法性审查或经审查不合法的，不得提交讨论。

2. 积极推行政府法律顾问制度，建立政府法制机构人员为主体、吸收专家和律师参加的法律顾问队伍，保证法律顾问在制定重大行政决策、推进依法行政中发挥积极作用。

3. 建立重大决策终身责任追究制度及责任倒查机制，对决策严重失误或者依法应该及时作出决策但久拖不决造成重大损失、恶劣影响的，严格追究行政首长、负有责任的其他领导人员和相关责任人员的法律责任。

（四）深化行政执法体制改革

1. 根据不同层级政府的事权和职能，按照减少层次、整合队伍、提高效率的原则，合理配置执法力量。

2. 推进综合执法，大幅减少市县两级政府执法队伍种类，重点在食品药品安全、工商质检、公共卫生、安全生产、文化旅游、资源环境、农林水利、交通运输、城乡建设、海洋渔业等领域内推行综合执法，有条件的领域可以推行跨部门综合执法。

3. 完善市县两级政府行政执法管理，加强统一领导和协调。理顺行政强制执行体制。理顺城管执法体制，加强城市管理综合执法机构建设，提高执法和服务水平。

4. 严格实行行政执法人员持证上岗和资格管理制度，未经执法资格考试合格，不得授予执法资格，不得从事执法活动。严格执行罚缴分离和收支两条线管理制度，严禁收费罚没收入同部门利益直接或者变相挂钩。

5. 健全行政执法和刑事司法衔接机制，完善案件移送标准和程序，建立行政执法机关、公安机关、检察机关、审判机关信息共享、案情通报、案件移送制度，坚决克服有案不移、有案难移、以罚代刑现象，实现行政处罚和刑事处罚无缝对接。

（五）坚持严格规范公正文明执法

1. 依法惩处各类违法行为，加大关系群众切身利益的重点领域执法力度。完善执法程序，建立执法全过程记录制度。明确具体操作流程，重点规范行政许可、行政处罚、行政强制、行政征收、行政收费、行政检查等执法行为。严格执行重大执法决定法制审核制度。

2. 建立健全行政裁量权基准制度，细化、量化行政裁量标准，规范裁量范围、种类、幅度。加强行政执法信息化建设和信息共享，提高执法效率和规范化水平。

3. 全面落实行政执法责任制，严格确定不同部门及机构、岗位执法人员执法责任和责任追究机制，加强执法监督，坚决排除对执法活动的干预，防止和克服地方和部门保护主义，惩治执法腐败现象。

（六）强化对行政权力的制约和监督

1. 加强党内监督、人大监督、民主监督、行政监督、司法监督、审计监督、社会监督、舆论监督制度建设，努力形成科学有效的权力运行制约和监督体系，增强监督合力和实效。

2. 加强对政府内部权力的制约，是强化对行政权力制约的重点。对财政资金分配使用、国有资产监管、政府投资、政府采购、公共资源转让、公共工程建设等权力集中的部门和岗位实行分事行权、分岗设权、分级授权，定期轮岗，强化内部流程控制，防止权力滥用。完善政府内部层级监督和专门监督，改进上级机关对下级机关的监督，建立常态化监督制度。完善纠错问责机制，健全责令公开道歉、停职检查、引咎辞职、责令辞职、罢免等问责方式和程序。

3. 完善审计制度，保障依法独立行使审计监督权。对公共资金、国有资产、国有资源和领导干部履行经济责任情况实行审计全覆盖。强化上级审计机关对下级审计机关的领导。探索省以下地方审计机关人财物统一管理。推进审计职业化建设。

（七）全面推进政务公开

1. 坚持以公开为常态、不公开为例外原则，推进决策公开、执行公开、管理公开、服务公开、结果公开。各级政府及其工作部门依据权力清单，向社会全面公开政府职能、法律依据、实施主体、职责权限、管理流程、监督方式等事项。重点推进财政预算、公共资源配置、重大建设项目批准和实施、社会公益事业建设等领域的政府信息公开。

2. 涉及公民、法人或其他组织权利和义务的规范性文件，按照政府信息公开要求和程序予以公布。推行行政执法公示制度。推进政务公开信息化，加强互联网政务信息数据服务平台和便民服务平台建设。

三、保证公正司法，提高司法公信力

（一）总纲

公正是法治的生命线。司法公正对社会公正具有重要引领作用，司法不公对社会公正具有致命破坏作用。必须完善司法管理体制和司法权力运行机制，规范司法行为，加强对司法活动的监督。党的十九大报告特别强调，深化司法体制综合配套改革，全面落实司法责任制，努力让人民群众在每一个司法案件中感受到公平正义。

党的十九届四中全会《决定》以“健全公平正义法治保障制度”为题，强调“坚持法治建设为了人民、依靠人民，加强人权法治保障，保障人民依法享有广泛的权利和自由、承担应尽的义务，引导全体人民做社会主义法治的忠实崇尚者、自觉遵守者、坚定捍卫者。坚持有法必依、执法必严、违法必究，严格规范公正文明执法，规范执法自由裁量权，加大关系群众切身利益的重点领域执法力度。深化司法体制综合配套改革，完善审判制度、检察制度，全面落实司法责任制，完善律师制度，加强对司法活动的监督，确保司法公正高效权威，努力让人民群众在每一个司法案件中感受到公平正义”。

重点说明

司法是维护社会公平正义的最后一道防线。习近平总书记曾经引用过英国哲学家培根的一段话，他说："一次不公正的审判，其恶果甚至超过十次犯罪。因为犯罪虽是无视法律——好比污染了水流，而不公正的审判则毁坏法律——好比污染了水源。"这其中的道理是深刻的。如果司法这道防线缺乏公信力，社会公正就会受到普遍质疑，社会和谐稳定就难以保障。因此，中国特色社会主义法治理论指出，公正是法治的生命线；司法公正对社会公正具有重要引领作用，司法不公对社会公正具有致命破坏作用。

知识链接

司法公正的含义。司法公正包括实体公正和程序公正两个方面。实体公正主要指案件事实真相的发现和对实体法的正确适用。程序公正主要指程序的正当性和合理性，当事人受到公平对待。相对于实体公正，程序公正具有独立价值。司法公正的含义如下：

1. 司法活动的合法性

（1）合法性是指司法机关要严格依法办事；

（2）依法的"法"既包括实体法，也包括程序法；

（3）审理案件的每一具体环节和步骤都要按照规定的权限和程序进行。

2. 司法人员的中立性

（1）中立性原则是现代程序的基本原则，是"程序的基础"。

（2）法官的中立表明：法官与当事人司法距离保持等同，对案件的态度超然、客观；法官同争议的事实和利益没有关联，不对任何当事人存有歧视或偏爱；法官情感自控、避免前见。

3. 司法活动的公开性。诉讼程序的每一阶段和步骤都应当以当事人和社会公众看得见的方式进行。

4. 当事人地位的平等性。其涵义有二：①当事人享有平等的诉讼权利；②法院平等地保护当事人诉讼权利的行使。

5. 司法程序的参与性。又称为“获得法庭审判机会”，指那些利益或权利可能会受到民事裁判或诉讼结局直接影响的人应当有充分的机会富有意义地参与诉讼的过程，并有效地影响和作用于裁判结果的形成。

6. 司法结果的正确性

（1）事实要调查清楚，证据要确凿可靠，经得起历史的检验。这是正确适用法律的前提和基础。

（2）对案件的定性要准确。

（3）处理要适当，宽严轻重适度，合法合情合理。

7. 司法人员的廉洁性。恪守司法廉洁，是司法公正与司法公信的基石和防线。

（二）完善确保依法独立公正行使审判权和检察权的制度

1. 各级党政机关和领导干部要支持法院、检察院依法独立公正行使职权。

（1）建立领导干部干预司法活动、插手具体案件处理的记录、通报和责任追究制度。

（2）任何党政机关和领导干部都不得让司法机关做违反法定职责、有碍司法公正的事情，任何司法机关都不得执行党政机关和领导干部违法干预司法活动的要求。

（3）对干预司法机关办案的，给予党纪政纪处分；造成冤假错案或者其他严重后果的，依法追究刑事责任。

2. 健全行政机关依法出庭应诉、支持法院受理行政案件、尊重并执行法院生效裁判的制度。完善惩戒妨碍司法机关依法行使职权、拒不执行生效裁判和决定、藐视法庭权威等违法犯罪行为的法律规定。

3. 建立健全司法人员履行法定职责保护机制。非因法定事由，非经法定程序，不得将法官、检察官调离、辞退或者作出免职、降级等处分。

（三）优化司法职权配置

1. 健全公安机关、检察机关、审判机关、司法行政机关各司其职，侦查权、检察权、审判权、执行权相互配合、相互制约的体制机制。

2. 完善司法体制，推动实行审判权和执行权相分离的体制改革试点。完善刑罚执行制度，统一刑罚执行体制。改革司法机关人财物管理体制，探索实行法院、检察院司法行政事务管理权和审判权、检察权相分离。

3. 最高人民法院设立巡回法庭，审理跨行政区域重大行政和民商事案件。探索设立跨行政区划的人民法院和人民检察院，办理跨地区案件。完善行政诉讼体制机制，合理调整行政诉讼案件管辖制度，切实解决行政诉讼立案难、审理难、执行难等突出问题。

重点说明

（1）设立巡回法庭有利于审判机关重心下移、就地解决纠纷、方便当事人诉讼，有利于最高人民法院本部集中精力制定司法政策和司法解释、审理对统一法律适用有重大指导意义的案件。

（2）探索设立跨行政区划的人民法院和人民检察院，有利于排除对审判工作和检察工作的干扰、保障法院和检察院依法独立公正行使审判权和检察权，有利于构建普通案件在行政区划法院审理、特殊案件在跨行政区划法院审理的诉讼格局。

4. 改革法院案件受理制度，变立案审查制为立案登记制，对人民法院依法应该受理的案件，做到有案必立、有诉必理，保障当事人诉权。加大对虚假诉讼、恶意诉讼、无理缠诉行为的惩治力度。完善刑事诉讼中认罪认罚从宽制度。

5. 完善审级制度，一审重在解决事实认定和法律适用，二审重在解决事实法律争议、实现二审终审，再审重在解决依法纠错、维护裁判权威。完善对涉及公民人身、财产权益的行政强制措施实行司法监督制度。检察机关在履行职责中发现行政机关违法行使职权或者不行使职权的行为，应

该督促其纠正。探索建立检察机关提起公益诉讼制度。

6. 明确司法机关内部各层级权限，健全内部监督制约机制。司法机关内部人员不得违反规定干预其他人员正在办理的案件，建立司法机关内部人员过问案件的记录制度和责任追究制度。完善主审法官、合议庭、主任检察官、主办侦查员办案责任制，落实谁办案谁负责。

7. 加强职务犯罪线索管理，健全受理、分流、查办、信息反馈制度，明确纪检监察和刑事司法办案标准和程序衔接，依法严格查办职务犯罪案件。

（四）推进严格司法

1. 坚持以事实为根据、以法律为准绳，健全事实认定符合客观真相、办案结果符合实体公正、办案过程符合程序公正的法律制度。加强和规范司法解释和案例指导，统一法律适用标准。

2. 加大对严重违法行为处罚力度，实行惩罚性赔偿制度，严格刑事责任追究。

3. 推进以审判为中心的诉讼制度改革，确保侦查、审查起诉的案件事实证据经得起法律的检验。全面贯彻证据裁判规则，严格依法收集、固定、保存、审查、运用证据，完善证人、鉴定人出庭制度，保证庭审在查明事实、认定证据、保护诉权、公正裁判中发挥决定性作用。

4. 明确各类司法人员工作职责、工作流程、工作标准，实行办案质量终身负责制和错案责任倒查问责制，确保案件处理经得起法律和历史检验。

重点说明

推进以审判为中心的诉讼制度改革，有利于促使办案人员增强责任意识，通过法庭审判的程序公正实现案件裁判的实体公正，有效防范冤假错案产生。

（五）保障人民群众参与司法

1. 坚持人民司法为人民，依靠人民推进公正司法，通过公正司法维护人民权益。在司法调解、司法听证、涉诉信访等司法活动中保障人民群众参与。完善人民陪审员制度，保障公民陪审权利，扩大参审范围，完善随机抽选方式，提高人民陪审员制度公信度。逐步实行人民陪审员不再审理法律适用问题，只参与审理事实认定问题。

2. 构建开放、动态、透明、便民的阳光司法机制，推进审判公开、检务公开、警务公开、狱务公开，依法及时公开执法司法依据、程序、流程、结果和生效法律文书，杜绝暗箱操作。加强法律文书释法说理，建立生效法律文书统一上网和公开查询制度。

（六）加强人权司法保障

1. 强化诉讼过程中当事人和其他诉讼参与人的知情权、陈述权、辩护辩论权、申请权、申诉权的制度保障。健全落实罪刑法定、疑罪从无、非法证据排除等法律原则和法律制度。完善对限制人身自由司法措施和侦查手段的司法监督，加强对刑讯逼供和非法取证的源头预防，健全冤假错案有效防范、及时纠正机制。

2. 切实解决执行难，制定强制执行法，规范查封、扣押、冻结、处理涉案财物的司法程序。加快建立失信被执行人信用监督、威慑和惩戒法律制度。依法保障胜诉当事人及时实现权益。

3. 落实终审和诉讼终结制度，实行诉访分离，保障当事人依法行使申诉权利。对不服司法机关生效裁判、决定的申诉，逐步实行由律师代理制度。对聘不起律师的申诉人，纳入法律援助范围。

（七）加强对司法活动的监督

1. 完善检察机关行使监督权的法律制度，加强对刑事诉讼、民事诉讼、行政诉讼的法律监督。完善人民监督员制度，重点监督检察机关查办职务犯罪的立案、羁押、扣押冻结财物、起诉等环节的执法活动。司法机关要及时回应社会关切。规范媒体对案件的报道，防止舆论影响司法公正。

2. 依法规范司法人员与当事人、律师、特殊关系人、中介组织的接触、交往行为。严禁司法人员私下接触当事人及律师、泄露或者为其打探案情、接受吃请或者收受其财物、为律师介绍代理和辩护业务等违法违纪行为，坚决惩治司法掮客行为，防止利益输送。

3. 对因违法违纪被开除公职的司法人员、吊销执业证书的律师和公证员，终身禁止从事法律职业，构成犯罪的要依法追究刑事责任。

4. 坚决破除各种潜规则，绝不允许法外开恩，绝不允许办关系案、人情案、金钱案。坚决反对和克服特权思想、衙门作风、霸道作风，坚决反对和惩治粗暴执法、野蛮执法行为。对司法领域的腐败零容忍，坚决清除害群之马。

四、增强全民法治观念，推进法治社会建设

（一）总纲

党的十九大报告特别强调，要加大全民普法力度，建设社会主义法治文化，树立宪法法律至上、法律面前人人平等的法治理念，各级党组织和全体党员要带头尊法学法守法用法，任何组织和个人都不得有超越宪法法律的特权，绝不允许以言代法、以权压法、逐利违法、徇私枉法。法律的权威源自人民的内心拥护和真诚信仰。人民权益要靠法律保障，法律权威要靠人民维护。必须弘扬社会主义法治精神，建设社会主义法治文化，增强全社会厉行法治的积极性和主动性，形成守法光荣、违法可耻的社会氛围，使全体人民都成为社会主义法治的忠实崇尚者、自觉遵守者、坚定捍卫者，夯实依法治国群众基础。

（二）推动全社会树立法治意识

1. 各级领导要强化法治意识，带头尊法学法守法用法，做制度执行的表率。要加大全民普法工作力度，弘扬社会主义法治精神，增强全民法治观念，完善公共法律服务体系，夯实依法治国社会基础。

2. 坚持把全民普法和守法作为依法治国的长期基础性工作，深入开展法治宣传教育，引导全民自觉守法、遇事找法、解决问题靠法。坚持把领导干部带头学法、模范守法作为树立法治意识的关键，完善国家工作人员学法用法制度，把宪法法律列入党委（党组）中心组学习内容，列为党校、行政学院、干部学院、社会主义学院必修课。把法治教育纳入国民教育体系，从青少年抓起，在中小学设立法治知识课程。

3. 健全普法宣传教育机制，各级党委和政府要加强对普法工作的领导，宣传、文化、教育部门和人民团体要在普法教育中发挥职能作用。实

行国家机关“谁执法谁普法”的普法责任制，建立法官、检察官、行政执法人员、律师等以案释法制度，加强普法讲师团、普法志愿者队伍建设。把法治教育纳入精神文明创建内容，开展群众性法治文化活动，健全媒体公益普法制度，加强新媒体新技术在普法中的运用，提高普法实效。

4. 牢固树立有权力就有责任、有权利就有义务观念。加强社会诚信建设，健全公民和组织守法信用记录，完善守法诚信褒奖机制和违法失信行为惩戒机制，使尊法守法成为全体人民共同追求和自觉行动。

5. 加强公民道德建设，弘扬中华优秀传统文化，增强法治的道德底蕴，强化规则意识，倡导契约精神，弘扬公序良俗。发挥法治在解决道德领域突出问题中的作用，引导人们自觉履行法定义务、社会责任、家庭责任。

（三）推进多层次多领域依法治理

社会治理是国家治理的重要方面。必须加强和创新社会治理，完善党委领导、政府负责、民主协商、社会协同、公众参与、法治保障、科技支撑的社会治理体系，建设人人有责、人人尽责、人人享有的社会治理共同体，确保人民安居乐业、社会安定有序，建设更高水平的平安中国。

十八届四中全会强调，坚持系统治理、依法治理、综合治理、源头治理，提高社会治理法治化水平。党的十九大报告提出，“加强农村基层基础工作，健全自治、法治、德治相结合的乡村治理体系。”党的十九届四中全会《决定》进一步要求，“构建基层社会治理新格局。完善群众参与基层社会治理的制度化渠道。健全党组织领导的自治、法治、德治相结合的城乡基层治理体系，健全社区管理和服务机制，推行网格化管理和服务，发挥群团组织、社会组织作用，发挥行业协会商会自律功能，实现政府治理和社会调节、居民自治良性互动，夯实基层社会治理基础。加快推进市域社会治理现代化。推动社会治理和服务重心向基层下移，把更多资源下沉到基层，更好提供精准化、精细化服务。注重发挥家庭家教家风在基层社会治理中的重要作用。加强边疆治理，推进兴边富民。”

1. 深入开展多层次多形式法治创建活动，深化基层组织和部门、行业依法治理，支持各类社会主体自我约束、自我管理。发挥市民公约、乡规民约、行业规章、团体章程等社会规范在社会治理中的积极作用。

2. 加强法治乡村建设是实施乡村振兴战略、推进全面依法治国的基础性工作。要教育引导农村广大干部群众办事依法、遇事找法、解决问题用法、化解矛盾靠法，积极推进法治乡村建设。

3. 健全充满活力的基层群众自治制度。健全基层党组织领导的基层群众自治机制，在城乡社区治理、基层公共事务和公益事业中广泛实行群众自我管理、自我服务、自我教育、自我监督，拓宽人民群众反映意见和建议的渠道，着力推进基层直接民主制度化、规范化、程序化。全心全意依靠工人阶级，健全以职工代表大会为基本形式的企事业单位民主管理制度，探索企业职工参与管理的有效方式，保障职工群众的知情权、参与权、表达权、监督权，维护职工合法权益。

4. 发挥人民团体和社会组织在法治社会建设中的积极作用。建立健全社会组织参与社会事务、维护公共利益、救助困难群众、帮教特殊人群、预防违法犯罪的机制和制度化渠道。支持行业协会商会类社会组织发挥行业自律和专业服务功能。发挥社会组织对其成员的行为导引、规则约束、权益维护作用。加强在华境外非政府组织管理，引导和监督其依法开展活动。

5. 高举民族大团结旗帜，依法妥善处置涉及民族、宗教等因素的社会问题，促进民族关系、宗教关系和谐。

（四）完善公共法律服务体系

1. 推进覆盖城乡居民的公共法律服务体系建设，加强民生领域法律服务。完善法律援助制度，扩大援助范围，健全司法救助体系，保证人民群众在遇到法律问题或者权利受到侵害时获得及时有效的法律帮助。

2. 发展律师、公证等法律服务业，统筹城乡、区域法律服务资源，发展涉外法律服务业。健全统一司法鉴定管理体制。

（五）健全依法维权和化解纠纷机制

党的十九大报告强调："加强预防和化解社会矛盾机制建设，正确处理人民内部矛盾。"

1. 强化法律在维护群众权益、化解社会矛盾中的权威地位，引导和支持人们理性表达诉求、依法维护权益，解决好群众最关心最直接最现实的利益问题。

2. 构建对维护群众利益具有重大作用的制度体系，建立健全社会矛盾预警机制、利益表达机制、协商沟通机制、救济救助机制，畅通群众利益协调、权益保障法律渠道。把信访纳入法治化轨道，保障合理合法诉求依照法律规定和程序就能得到合理合法的结果。

3. 健全社会矛盾纠纷预防化解机制，完善调解、仲裁、行政裁决、行政复议、诉讼等有机衔接、相互协调的多元化纠纷解决机制。加强行业性、专业性人民调解组织建设，完善人民调解、行政调解、司法调解联动工作体系。完善仲裁制度，提高仲裁公信力。健全行政裁决制度，强化行政机关解决同行政管理活动密切相关的民事纠纷功能。

4. 深入推进社会治安综合治理，健全落实领导责任制。完善立体化社会治安防控体系，有效防范化解管控影响社会安定的问题，保障人民生命财产安全。依法严厉打击暴力恐怖、涉黑犯罪、邪教和黄赌毒等违法犯罪活动，绝不允许其形成气候。依法强化危害食品药品安全、影响安全生产、损害生态环境、破坏网络安全等重点问题治理。

五、健全完善监督体系、监督制度，强化对权力的监督

1. 对法律实施的监督既是党和国家监督体系的重要组成部分，也是法治建设的一个主要环节。党的十八届四中全会《中共中央关于全面推进依法治国若干重大问题的决定》把“严密的法治监督体系”作为中国特色社会主义法治体系建设的五大子体系之一。党的十九大着眼全面从严治党，提高党的执政能力和领导水平，作出健全党和国家监督体系的战略部署。党的十九届四中全会确立党和国家监督体系在坚持和完善中国特色社会主义制度，推进国家治理体系和治理能力现代化中的重要支撑地位，将坚持和完善党和国家监督体系，强化对权力运行的制约和监督，专列一节作出重大制度安排。

2. 坚持和完善党和国家监督体系，强化对权力运行的制约和监督。党和国家监督体系是党在长期执政条件下，实现自我净化、自我完善、自我

革新、自我提高的重要制度保障，必须健全党统一领导、全面覆盖、权威高效的监督体系，增强监督严肃性、协同性、有效性，形成决策科学、执行坚决、监督有力的权力运行机制，确保党和人民赋予的权力始终用来为人民谋幸福。

3. 健全党和国家监督制度。完善党内监督体系，落实各级党组织监督责任，保障党员监督权利。重点加强对高级干部、各级主要领导干部的监督，完善领导班子内部监督制度，破解对“一把手”监督和同级监督难题。强化政治监督，加强对党的理论和路线方针政策以及重大决策部署贯彻落实情况的监督检查，完善巡视巡察整改，督查落实情况报告制度。深化纪检监察体制改革，加强上级纪委监委对下级纪委监委的领导，推进纪检监察工作规范化、法制化。完善派驻监督体制机制。推进纪律监督、监察监督、派驻监督、巡视监督统筹衔接，健全人大监督、民主监督、行政监督、司法监督、群众监督、舆论监督制度，发挥审计监督、统计监督职能作用。以党内监督为主导，推动各类监督有机贯通，相互协调。

4. 行政权、监察权、审判权、检察权都是承担法律实施和监督的公权力，与人民群众的切身利益息息相关。党的十九届四中全会《决定》强调，“保证行政权、监察权、审判权、检察权得到依法正确行使，保证公民、法人和其他组织合法权益得到切实保障，坚决排除对执法司法活动的干预。拓展公益诉讼案件范围。加大对严重违法行为处罚力度，实行惩罚性赔偿制度，严格刑事责任追究。加大全民普法工作力度，增强全民法治观念，完善公共法律服务体系，夯实依法治国群众基础。各级党和国家机关以及领导干部要带头尊法学法守法用法，提高运用法治思维和法治方式深化改革、推动发展、化解矛盾、维护稳定、应对风险的能力。”

【注意】 党的十九届四中全会《决定》提出以上新举措的重大意义

1. 在工作重点上拓展公益诉讼案件范围，有利于维护公共利益，对受损害的公共利益进行救济。

2. 违法成本太低在一定程度上影响着法律实施的效果。实行惩罚性赔偿制度，有利于增加违法成本，给相关主体一个明确的行为责任指引，从而减少甚至消除其违法行为。通过健全惩罚性赔偿制度等一系列体制机制，进一步加大法律的保护力度；通过严格执法、规范执法，严格责任追究机制，进一步加大对严重违法行为处罚力度；通过提高主观恶意行为的违法成本，进一步彰显法律的权威，显然有助于保障相关领域法律的有效实施。

专题3　法治工作的重要保障

- 法治工作重要保障
  - 加强法治工作队伍建设
    - 建设高素质法治专门队伍
    - 加强法律服务队伍建设
    - 创新法治人才培养机制
  - 加强和改进党对全面依法治国的领导
    - 成立中央全面依法治国委员会的重大意义
    - 坚持依法执政
    - 加强党内法规制度建设
    - 提高党员干部法治思维和依法办事能力
    - 推进基层治理法治化
    - 深入推进依法治军、从严治军
    - 依法保障“一国两制”实践和推进祖国统一
    - 加强涉外法律工作

一、加强法治工作队伍建设

（一）总纲

全面依法治国，必须大力提高法治工作队伍思想政治素质、业务工作能力、职业道德水准，着力建设一支忠于党、忠于国家、忠于人民、忠于法律的社会主义法治工作队伍，为加快建设社会主义法治国家提供强有力的组织和人才保障。

（二）建设高素质法治专门队伍

1. 把思想政治建设摆在首位，加强理想信念教育，深入开展社会主义核心价值观和社会主义法治理念教育，坚持党的事业、人民利益、宪法法律至上，加强立法队伍、行政执法队伍、司法队伍建设。抓住立法、执法、司法机关各级领导班子建设这个关键，突出政治标准，把善于运用法治思维和法治方式推动工作的人选拔到领导岗位上来。畅通立法、执法、司法部门干部和人才相互之间以及与其他部门具备条件的干部和人才交流

渠道。

2. 推进法治专门队伍正规化、专业化、职业化，提高职业素养和专业水平。

（1）完善法律职业准入制度，健全国家统一法律职业资格考试制度，建立法律职业人员统一职前培训制度；

（2）建立从符合条件的律师、法学专家中招录立法工作者、法官、检察官制度，畅通具备条件的军队转业干部进入法治专门队伍的通道，健全从政法专业毕业生中招录人才的规范便捷机制；

（3）加强边疆地区、民族地区法治专门队伍建设；

（4）加快建立符合职业特点的法治工作人员管理制度，完善职业保障体系，建立法官、检察官、人民警察专业职务序列及工资制度。

3. 建立法官、检察官逐级遴选制度。

（1）初任法官、检察官由高级人民法院、省级人民检察院统一招录，一律在基层法院、检察院任职；

（2）上级人民法院、人民检察院的法官、检察官一般从下一级人民法院、人民检察院的优秀法官、检察官中遴选。

（三）加强法律服务队伍建设

1. 加强律师队伍思想政治建设

（1）把拥护中国共产党领导、拥护社会主义法治作为律师从业的基本要求，增强广大律师走中国特色社会主义法治道路的自觉性和坚定性；

（2）构建社会律师、公职律师、公司律师等优势互补、结构合理的律师队伍；

（3）提高律师队伍业务素质，完善执业保障机制；

（4）加强律师事务所管理，发挥律师协会自律作用，规范律师执业行为，监督律师严格遵守职业道德和职业操守，强化准入、退出管理，严格执行违法违规执业惩戒制度；

（5）加强律师行业党的建设，扩大党的工作覆盖面，切实发挥律师事务所党组织的政治核心作用。

2. 各级党政机关和人民团体普遍设立公职律师，企业可设立公司律

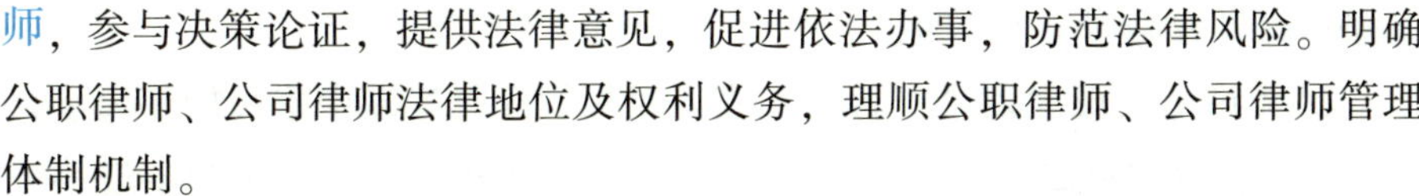

师，参与决策论证，提供法律意见，促进依法办事，防范法律风险。明确公职律师、公司律师法律地位及权利义务，理顺公职律师、公司律师管理体制机制。

3. 发展公证员、基层法律服务工作者、人民调解员队伍。推动法律服务志愿者队伍建设。建立激励法律服务人才跨区域流动机制，逐步解决基层和欠发达地区法律服务资源不足和高端人才匮乏问题。

（四）创新法治人才培养机制

1. 坚持用马克思主义法学思想和中国特色社会主义法治理论全方位占领高校、科研机构法学教育和法学研究阵地，加强法学基础理论研究，形成完善的中国特色社会主义法学理论体系、学科体系、课程体系，组织编写和全面采用国家统一的法律类专业核心教材，纳入国家法律职业资格考试必考范围。坚持立德树人、德育为先导向，推动中国特色社会主义法治理论进教材、进课堂、进头脑，培养、造就熟悉和坚持中国特色社会主义法治体系的法治人才及后备力量。建设通晓国际法律规则、善于处理涉外法律事务的涉外法治人才队伍。

2. 健全政法部门和法学院校、法学研究机构人员双向交流机制，实施高校和法治工作部门人员互聘计划，重点打造一支政治立场坚定、理论功底深厚、熟悉中国国情的高水平法学家和专家团队，建设高素质学术带头人、骨干教师、专兼职教师队伍。

二、加强和改进党对全面依法治国的领导

（一）充分认识成立中央全面依法治国委员会的重大意义

1. 中国共产党领导是中国特色社会主义最本质的特征。习近平总书记指出，党中央决定组建中央全面依法治国委员会，这是我们党历史上第一次设立这样的机构，目的是加强党对全面依法治国的集中统一领导，统筹推进全面依法治国工作。①这是贯彻落实党的十九大精神、加强党对全面依法治国集中统一领导的需要；②这是研究解决依法治国重大事项、重大问题，协调推进中国特色社会主义法治体系和社会主义法治国家建设的需要；③这是推动实现“两个一百年”奋斗目标，为实现中华民族伟大复兴

中国梦提供法制保障的需要。

2. 无论是实现“两个一百年”奋斗目标，还是实现中华民族伟大复兴的中国梦，全面依法治国既是重要内容，又是重要保障。在统筹推进伟大斗争、伟大工程、伟大事业、伟大梦想，全面建设社会主义现代化国家的新征程上，必须更好发挥法治固根本、稳预期、利长远的保障作用。

（二）加强和改进党对法治工作领导的基本要求

党的领导是全面依法治国、加快建设社会主义法治国家最根本的保证。必须加强和改进党对法治工作的领导，把党的领导贯彻到全面依法治国全过程。

1. 坚持依法执政。依法执政是依法治国的关键。各级党组织和领导干部要深刻认识到，维护宪法法律权威就是维护党和人民共同意志的权威，捍卫宪法法律尊严就是捍卫党和人民共同意志的尊严，保证宪法法律实施就是保证党和人民共同意志的实现。各级领导干部要对法律怀有敬畏之心，牢记法律红线不可逾越、法律底线不可触碰，带头遵守法律，带头依法办事，不得违法行使权力，更不能以言代法、以权压法、徇私枉法。

2. 健全党领导依法治国的制度和工作机制，完善保证党确定依法治国方针政策和决策部署的工作机制和程序。

（1）加强对全面依法治国统一领导、统一部署、统筹协调。完善党委依法决策机制，发挥政策和法律的各自优势，促进党的政策和国家法律互联互动。

（2）党委要定期听取政法机关工作汇报，做促进公正司法、维护法律权威的表率。

（3）党政主要负责人要履行推进法治建设第一责任人职责。

（4）各级党委要领导和支持工会、共青团、妇联等人民团体和社会组织在依法治国中积极发挥作用。

3. 人大、政府、政协、审判机关、检察机关的党组织和党员干部要坚决贯彻党的理论和路线方针政策，贯彻党委决策部署。各级人大、政府、政协、审判机关、检察机关的党组织要领导和监督本单位模范遵守宪法法律，坚决查处执法犯法、违法用权等行为。

4. 政法委员会是党委领导政法工作的组织形式，必须长期坚持。

（1）各级党委政法委员会要把工作着力点放在把握政治方向、协调各方职能、统筹政法工作、建设政法队伍、督促依法履职、创造公正司法环境上，带头依法办事，保障宪法法律正确统一实施；

（2）政法机关党组织要建立健全重大事项向党委报告制度；

（3）加强政法机关党的建设，在法治建设中充分发挥党组织政治保障作用和党员先锋模范作用。

（三）加强党内法规制度建设

《中国共产党党内法规制定条例》第3条第1款规定："党内法规是党的中央组织，中央纪律检查委员会以及党中央工作机关和省、自治区、直辖市党委制定的体现党的统一意志、规范党的领导和党的建设活动、依靠党的纪律保证实施的专门规章制度。"《中国共产党党内法规制定条例》第5条第1款规定，党内法规的名称为党章、准则、条例、规定、办法、规则、细则。党内法规既是管党治党的重要依据，也是建设社会主义法治国家的有力保障。

习近平总书记强调，"要健全完善制度，以党章为根本遵循，本着于法周延、于事有效的原则，制定新法规制度，完善已有的法规制度，废止不适应的法规制度，健全党内规则体系，扎紧党纪党规的笼子。"2013年11月27日发布的《中央党内法规制定工作五年规划纲要（2013~2017年）》，作为我们党历史上第一个党内法规制定工作规划纲要，对新形势下构建党内法规制度体系、全面提高党的建设科学化水平作出要求和部署。党的十八大以来，共制定修订了90多部党内法规，同时对已有党内法规制度进行了全面清理，废止了一大批过时、失效的法规制度，基本形成了以党章为根本遵循，以《关于新形势下党内政治生活的若干准则》《中国共产党廉洁自律准则》《中国共产党纪律处分条例》《中国共产党党内监督条例》等基本党法党规为主干，多种形式的党内法规制度并存的党内法规制度体系。

党的十九大报告要求，"增强依法执政本领，加快形成覆盖党的领导和党的建设各方面的党内法规制度体系，加强和改善对国家政权机关的领导”，对新时代党内法规制度体系建设提出了新的要求。2018年2月，中共中央印发《中央党内法规制定工作第二个五年规划（2018~2022年）》，着眼于到建党100周年时形成比较完善的党内法规制度体系，对今后5年党内法规制度建设进行顶层设计，提出了指导思想、目标要求、重点项目和落实要求，是推进新时代党内法规制度建设的重要指导性文件，要适应新时代坚持和加强党的全面领导、以党的政治建设为统领、全面推进党的各项建设的需要，到建党100周年时形成以党章为根本、以准则条例为主干，覆盖党的领导和党的建设各方面的党内法规制度体系，并随着实践发展不断丰富完善。

重点说明

需要明确的是，在我们国家，法律是对全体公民的要求，党内法规制度是对全体党员的要求，而且很多地方比法律的要求更严格。我们党是先锋队，对党员的要求应该更严。全面依法治国，必须努力形成国家法律法规和党内法规相辅相成、相互促进、相互保障的格局。

（四）提高党员干部法治思维和依法办事能力

1. 党员干部是全面依法治国的重要组织者、推动者、实践者，要自觉提高运用法治思维和法治方式深化改革、推动发展、化解矛盾、维护稳定能力，高级干部尤其要以身作则、以上率下。

2. 把法治建设成效作为衡量各级领导班子和领导干部工作实绩重要内容，纳入政绩考核指标体系。把能不能遵守法律、依法办事作为考察干部重要内容，在相同条件下，优先提拔使用法治素养好、依法办事能力强的干部。

3. 对特权思想严重、法治观念淡薄的干部要批评教育，不改正的要调离领导岗位。

（五）推进基层治理法治化

1. 全面依法治国，基础在基层，工作重点在基层。党的十九大报告指出，“加强农村基层基础工作，健全自治、法治、德治相结合的乡村治理体系。”

2. 发挥基层党组织在全面依法治国中的战斗堡垒作用，增强基层干部法治观念、法治为民的意识，提高依法办事能力。

3. 加强基层法治机构建设，强化基层法治队伍，建立重心下移、力量下沉的法治工作机制，改善基层基础设施和装备条件，推进法治干部下基层活动。

（六）深入推进依法治军、从严治军

1. 党对军队绝对领导是依法治军的核心和根本要求。紧紧围绕党在新形势下的强军目标，着眼全面加强军队革命化现代化正规化建设，创新发展依法治军理论和实践，构建完善的中国特色军事法治体系，提高国防和军队建设法治化水平。

2. 坚持在法治轨道上积极稳妥推进国防和军队改革，深化军队领导指挥体制、力量结构、政策制度等方面改革，加快完善和发展中国特色社会主义军事制度。党的十九大报告提出，“全面从严治军，推动治军方式根本性转变，提高国防和军队建设法治化水平。”

3. 健全适应现代军队建设和作战要求的军事法规制度体系，严格规范军事法规制度的制定权限和程序，将所有军事规范性文件纳入审查范围，完善审查制度，增强军事法规制度科学性、针对性、适用性。

4. 坚持从严治军铁律，加大军事法规执行力度，明确执法责任，完善执法制度，健全执法监督机制，严格责任追究，推动依法治军落到实处。

5. 健全军事法制工作体制，建立完善领导机关法制工作机构。改革军事司法体制机制，完善统一领导的军事审判、检察制度，维护国防利益，保障军人合法权益，防范打击违法犯罪。建立军事法律顾问制度，在各级领导机关设立军事法律顾问，完善重大决策和军事行动法律咨询保障制度。改革军队纪检监察体制。

6. 强化官兵法治理念和法治素养，把法律知识学习纳入军队院校教育体系、干部理论学习和部队教育训练体系，列为军队院校学员必修课和部队官兵必学必训内容。完善军事法律人才培养机制。加强军事法治理论研究。

（七）依法保障“一国两制”实践和推进祖国统一

保持香港、澳门长期繁荣稳定，必须贯彻“一国两制”、“港人治港”、“澳人治澳”、高度自治的方针，严格依照宪法和基本法办事，完善与基本法实施相关的制度和机制。

1. 支持特别行政区行政长官和政府依法施政、积极作为，团结带领香港、澳门各界人士，齐心协力谋发展、促和谐，保障和改善民生，有序推进民主，维护社会稳定，履行维护国家主权、安全、发展利益的宪制责任。

2. 运用法治方式巩固和深化两岸关系和平发展，完善涉台法律法规，依法规范和保障两岸人民关系、推进两岸交流合作。运用法律手段捍卫一个中国原则、反对“台独”，增进维护一个中国框架的共同认知，推进祖国和平统一。党的十九大报告特别强调，“我们坚决维护国家主权和领土完整，绝不容忍国家分裂的历史悲剧重演，一切分裂祖国的活动都必将遭到全体中国人坚决反对。我们有坚定的意志、充分的信心、足够的能力挫败任何形式的‘台独’分裂图谋。我们绝不允许任何人、任何组织、任何政党、在任何时候、以任何形式、把任何一块中国领土从中国分裂出去！”

3. 依法保护港澳同胞、台湾同胞权益。加强内地同香港和澳门、大陆同台湾地区的执法司法协作，共同打击跨境违法犯罪活动。

（八）加强涉外法律工作

党的十九大报告提出了“坚持和平发展道路，推动构建人类命运共同体”这一重要论断。

1. 适应对外开放不断深化，完善涉外法律法规体系，促进构建开放型经济新体制。

2. 积极参与国际规则制定，推动依法处理涉外经济、社会事务，增强我国在国际法律事务中的话语权和影响力，运用法律手段维护我国主权、安全、发展利益。强化涉外法律服务，维护我国公民、法人在海外及外国公民、法人在我国的正当权益，依法维护海外侨胞权益。

3. 深化司法领域国际合作，完善我国司法协助体制，扩大国际司法协助覆盖面。

4. 加强反腐败国际合作，加大海外追赃追逃、遣返引渡力度。

5. 积极参与执法安全国际合作，共同打击暴力恐怖势力、民族分裂势力、宗教极端势力和贩毒走私、跨国有组织犯罪。

一、法治

法治是一种治国方略，是依法办事的原则，是将国家权力的行使和社会成员的活动纳入完备的法律规则系统。

其内涵包括：①相对于人治而言的治国方略或社会调控方式；②依法办事的原则；③良好的法律秩序；④代表某种包含特定价值规定性的社会生活方式，法治不是单纯的法律秩序，而是有特定价值基础和价值目标的法律秩序。

法治一词明确了法律在社会生活中的最高权威，显示了法律介入社会生活的广泛性，蕴涵了法律调整社会生活的正当性。

二、社会主义法治

社会主义法治的核心内容就是要实行依法治国。依法治国，就是广大人民群众在党的领导下，依照宪法和法律规定，通过各种途径和形式管理国家事务，管理经济文化事业，管理社会事务，保证国家各项工作都依法进行，逐步实现社会主义民主的制度化、法律化，使这种制度和法律不因领导人的改变而改变，不因领导人看法和注意力的改变而改变。

依法治国是党领导人民治理国家的基本方略，是发展社会主义市场经济的客观需要，是社会文明进步的重要标志，是国家长治久安的重要保障。

三、社会主义法治国家的制度条件、思想条件

社会主义法治国家的制度条件是法律体系完备，权力制约机制，司法权威、独立，律师制度健全；其思想条件是法律至上，权利平等，权力制约，权利本位。

四、社会主义法治国家的历史任务

建设社会主义法治国家的历史任务包括：建立完备的中国特色社会主义法律体系，实现依法执政，加强宪法和法律实施，实现社会主义民主政治的制度化和法律化，依法行政、建立法治政府，建设保障公正的司法制度，完善权力制约与监督机制，增强全社会的法律意识和法律素质。

五、法治与法制

法制有二义：一种是静态意义上的法制，即法律和制度；另一种是动态意义上的法制，即指立法、执法、司法、守法和法律监督的活动和过程。

法治与法制的区别：

1. 法治不仅包括形式意义上的法律制度及其实施，更强调实质意义上的法律至上、权利保障的内涵；而法制则侧重于形式意义上的法律制度及其实施。

2. “有法制并不一定有法治。”法治关注法律制度的内容，讲究“良法”之治；法制则侧重于关注法的规范性和有效性，对法律本身的内容和价值取向并无特殊的规定性。

3. 法治与人治相对立，法制与人治并不截然对立。

4. 法治的政治基础是民主政治，无民主和宪政则不可能有真正的法治；法制先于民主和宪政，在历史上往往是专制和主权的统治工具。

六、法治与人治

法治是与人治对立的治国方略。人治论者认为“为政在人”，强调重

视人的作用。法治与人治的区别主要表现为：法治是民主政治，人治一般是君主专制或贵族政治；法治依据的是反映众人意志的法律，人治依据的是统治者个人或少数人的意志；当法律与当权者个人的意志发生冲突时，法治国家中的法律高于个人意志，而在人治国家中则相反。

七、法治与民主

法治与民主既有区别，也有联系。其区别在于，民主与法治是现代文明政治制度的主要支柱，但二者并非天然统一，二者之间也存在着一定程度的矛盾。法治的前提是法律是最高的权威，民主的前提是公意是最高权威，这是民主与法治的根本区别。其联系在于，一方面，法治与民主息息相关，没有民主就没有法治；另一方面，民主理念的实现离不开法治，法治保障了民主的正常运行。在法治社会中，既不能抛开民主片面地强调法治，也不能脱离法治的轨道片面地强调民主。

八、社会主义法治与民主

社会主义民主是社会主义法治的前提，社会主义法治是社会主义民主的保障。社会主义法治与民主有着非常密切的关系，两者相互依存，不可分离。如果离开社会主义民主讲法治，法治就可能改变性质；如果离开社会主义法治来讲民主，民主就可能失去强有力的保障，就可能偏离社会主义方向。我国现阶段的民主和法治的发展是一个从不完善到逐步完善的过程，这是我国社会主义民主和法治建设的一个基本特征和发展规律。要让民主与法治相互结合、相互促进，我国“依法治国，建设社会主义法治国家”的治国方略才能真正得到实现，人民当家做主才能最终得到保障。

九、法律至上（原则）

法律至上原则由资产阶级首倡，是指法律具有至高无上的地位与权威，它是法治中最基本的重要原则，其核心是宪法至上。法律至上是法治区别于人治的根本标志，也是法治的首要条件。不确立法律至上原则，即使法律完全建立在民主基础上，也仅是“纸上的法律”，人权保障、法律面前人人平等、政府权力受制约的原则均无法实现。

十、权利保障（原则）

权利保障原则的内容主要包括尊重和保障人权、法律面前人人平等和权利与义务相一致。充分尊重和扩展人权是法治的终极性的目的价值。法律面前人人平等是法治的应有之义。权利与义务相一致原则是法治在法的制定和实施过程中必须贯彻的要求。

十一、权力制约（原则）

权力制约是法治国家权力结构的基本问题。强调权力的分工和制约的原因在于，法治的目的就在于运用法律防止国家权力的专横、恣意和腐败，保障公民的权利和自由。权力制约原则的内涵包括：①权力之间的相互制约；②尤其是对国家行政权力的制约，这就要求严格依法行政，行政权力行使的广泛性、主动性和强制性、单方面性等都使得对行政权的约束成为法治的重点。其具体方式表现为以权力制约权力、以权利制约权力，以及通过法律尤其是程序法制约权力。

十二、正当程序（原则）

正当程序原则包含不能作自己的法官和听取当事人的意见两项具体的内容。正当程序原则的理论根据主要是自然公正原则，即平等地对待各方当事人，不偏袒任何一方。在法治国家，正当程序原则主要是针对国家公权力而言的，即国家机关在行使权力时，应当按照公正的程序采取公正的方法进行。随着我国依法治国方略的确立和实施，以自然公正为法律基础的正当程序原则将会被广泛地应用到立法、行政、司法等社会生活领域。

十三、秩序

法学上的秩序主要是指社会秩序，它表明通过法律机构、法律规范、法律权威所形成的一种法律状态。法律总是为一定秩序服务的，其具体差别仅在于法律服务于谁的秩序、怎样的秩序。秩序本身必须以合乎人性、符合常理作为其目标，它必须接受“正义”的规制。

“秩序”成为法的基本价值之一的原因：①任何社会统治的建立都意味着一定统治秩序的形成，无秩序则无统治；②秩序本身的性质决定了秩序是法的基本价值，秩序与法同样要求人与人之间遵守规则作出相互行为；③秩序是法的其他价值的基础，如无秩序，则自由、平等、效率等法的价值表现就会因失去保障而毫无意义。

十四、自由

法学上的“自由”包括积极自由和消极自由。前者是指主体可以根据自己的意志、目的而行动的自由，后者是指主体不受外在的强制、限制。在法治社会中，法的本质以“自由”为最高价值目标，“法典就是人民自由的圣经”。法典是用来保卫、维护人民自由的，而不是用来限制、践踏人民自由的；如果法律限制了自由，也就是对人性的一种践踏。自由体现人性最深刻的需要，它是一种衡量“真正的法律”的评价标准，任何不符合自由意蕴的法律，都不是真正意义上的法律。

【注意】法律对于自由既有保障也有限制，法律限制自由须遵循伤害主义〔1〕、道德主义〔2〕、家长主义〔3〕、冒犯原则〔4〕。

十五、正义

正义原则即通常所说的“把各人应得的东西归予各人”，其实质内容又体现为平等、公正等具体形态。在法律上实现正义意味着：①正义是法的基本标准，法不正义则不是真正的法律；②正义是法的评价体系，用以衡量法律是“良法”抑或“恶法”；③正义极大地推动法律进化。法律的

---

〔1〕 伤害别人的行为要受到法律的检查和干涉，只有未伤害他人或仅伤害自己的行为不受法律惩罚。

〔2〕 一个人的行为只要违背了一个社群的道德准则，就应该受到法律的禁止或者惩罚。

〔3〕 也称父爱主义，即法律可以基于某人自身的福利、幸福、需要等理由而禁止其自我伤害，就如同家长对家庭成员强制一样。比如禁止自杀、禁止决斗、强制戒毒等。

〔4〕 法律禁止令人愤怒、羞耻或惊恐的冒犯他人的行为，如人们忌讳的性行为等淫荡行为，虐尸、亵渎国旗等放肆行为。在实践中，冒犯原则与公序良俗原则的适用几乎是一致的。

执行不仅要有利于秩序的维持，更主要的是要实现社会正义。

十六、人权

人权是人作为人所享有或应当享有的那些权利。人权表达了所有人在人格上的普遍平等观念和人格上的绝对尊严观念。作为一种道德权利，人权具有普遍性、本源性、综合性，它是历史发展的产物。人权必须尽可能被法律化，否则它会停留在虚拟的层面而无法落实。人权的法律化表明了法律对人的尊重和法律关注人本身。是否承认和保障人权，既是对法律的精神、原则、规范的直接检验和方向引导，也是对法律的内在品质进行批判的标准和完善的依据。

十七、中国特色社会主义法律体系

中国特色社会主义法律体系，是以宪法为统帅，以法律为主干，以行政法规、地方性法规为重要组成部分，由宪法及宪法相关法、民商法、行政法、经济法、社会法、刑法、程序法等多个法律部门组成的有机统一整体。它的形成，体现了中国特色社会主义的本质要求，体现了改革开放和社会主义现代化建设的时代要求，体现了结构内在统一而又多层次的国情要求，体现了继承中国法律文化优秀传统和借鉴人类法治文明成果的要求，体现了动态、开放、与时俱进的社会发展要求，是中国社会主义民主法治建设的一个重要里程碑。

十八、中国特色社会主义法治体系

中国特色社会主义法治体系包括完备的法律规范体系，高效的法治实施体系，严密的法治监督体系，有力的法治保障体系和完善的党内法规体系。中国特色社会主义法治体系是中国特色社会主义制度的法律表现形式。中国特色社会主义法治体系是全面推进依法治国的总抓手，中国特色社会主义法治体系的建设能够不断开创全面依法治国的新局面。

十九、法律体系与法治体系的区别

法律体系与法治体系的区别：

1. 法律体系是相对静态的制度体系，法治体系是相对动态的治理体系。

2. 法律体系的“法”既包括规范公民行为的法，也包括规范公权力行为的法，但前者占较大比例；法治体系的“法”主要是指规范公权力行为的法，以监督和约束公权力为重点。

3. 法律体系相对于法治体系而言，前者是手段，后者是目的。完善法律体系是为建设法治体系和法治国家服务的。

二十、全面依法治国的工作重点和总抓手

中国特色社会主义法治体系是全面推进依法治国的工作重点和总抓手。法治是一个系统工程，有了这个总抓手，才能提纲挈领、纲举目张。全面推进依法治国是一个立体的、动态的、有机的完整过程，包括立法、执法、司法、守法等各个环节，是法治诸要素、结构、功能、过程内在协调统一的有机综合体。

二十一、中国特色社会主义法治道路的核心要义

即坚持党的领导，坚持中国特色社会主义制度，贯彻中国特色社会主义法治理论。党和法治的关系是法治建设的核心问题。全面推进依法治国这件大事能不能办好，最关键的是方向是不是正确、政治保证是不是坚强有力，具体讲就是要抓住这三个核心要义。党的领导是中国特色社会主义最本质的特征，是社会主义法治最根本的保证。中国特色社会主义制度是中国特色社会主义法治体系的根本制度基础，是全面推进依法治国的根本制度保障。中国特色社会主义法治理论是中国特色社会主义法治体系的理论指导和学理支撑，是全面推进依法治国的行动指南。这三个方面实质上是中国特色社会主义法治道路的核心要义，规定和确保了中国特色社会主义法治体系的制度属性和前进方向。

二十二、法的现代化

法的现代化是指法的现代性因素不断增加的过程，它既是现代社会的价值标准，也是一种迫切需要。法的现代化的内涵有四：法与道德分离，即法律不再借助道德而被认可；法的形式化，即法律被遵守是出于法自身的原因，而非伦理或神学原因；对现代价值的体现和保护，比如尊重人的主体地位、保障人的权利与自由、维护人人平等、推动政治的民主化；法具有形式合理性，即可理解性、精确性、一致性、普遍性、公开性，法律一般是成文的且不溯及既往。

二十三、当代中国法的现代化

1902 年以收回领事裁判权为契机，中国法的现代化在制度层面上正式启动，属于外源型的法的现代化。其特点有四：①由被动接受到主动选择；②由模仿民法法系到建立有中国特色的社会主义法律制度；③法的现代化的启动形式是立法主导型；④法律制度变革在前，法律观念更新在后，思想领域斗争激烈。目前，当代中国法的现代化的方向表现为“三结合”：①将政府推动与社会参与相结合，自上而下和自下而上双向结合；②把立足本国国情与借鉴外国经验相结合，使本土化与国际化、民族性与普遍性相统一；③把制度改革与观念更新相结合，既要构建法律体系，也要启蒙法治意识。

二十四、法律全球化

法律全球化是指法律的各种要素如法律理念、原则、制度设计、实施标准等在全球范围内的趋同，并在此基础上形成一个法治的标准或模范。其主要表现包括：

1. 法律的“非国家化”，即“非国家”的机构制定了越来越多的规范。
2. 法律的“标本化”或“标准化”，即各国以全球化范本为立法参照。
3. 法律的“趋同化”，即调整相同类型社会关系的法律规范和法律制度趋向一致，既包括不同国家的国内法的趋向一致，也包括国内法与国际法的趋向一致。

4. 法律的“世界化”，即全球范围内法律规范的相互联结，甚至是某些“全球性法”“世界性法”的出现。

值得注意的是，法律全球化目前仍然只是一种趋势，法律全球化并不是所有法律的全球化，法律全球化并不意味着国家主权概念的过时或消失，全球化并不否定多样性、多元化，各个国家均应当警惕和制止少数或个别国家借助法律全球化的名义而推行政治霸权主义和法律帝国主义。

二十五、法的局限性/法律不是万能的

法律不是万能的，它的局限性来自于以下方面：

1. 法律是以社会为基础，不可能超越社会需要而创造或改变社会。
2. 法律受到其他社会规范以及社会条件和环境的制约。
3. 法律规制和调整社会关系的范围和深度是有限的。
4. 法律自身条件的制约，如语言表达能力的局限性，“辞不尽意”。

二十六、合理的法律决定/司法的一般原理

法律人适用法律的最直接的目标就是要获得一个合理的法律决定。在法治社会，所谓合理的法律决定就是指法律决定具有可预测性和正当性。可预测性意味法律决定应避免武断和恣意，正当性是指法律决定达到实质价值或某些道德考量的正当性或正确性标准。法律决定的可预测性与正当性之间存在着一定的紧张关系，这是形式法治与实质法治之间的紧张关系的一种体现。对于特定国家的法律人来说，首先理当崇尚的是法律的可预测性，如果法律失去了可预测性或可预测性的程度非常低，则人们无从依据法律安排自身生活，进而影响到整个社会生活的正常进行。

二十七、法律面前人人平等

法律面前人人平等，是指人人平等地享有法律规定的权利和承担法律义务，不允许任何人享有超越法律的特权，这意味着法律给予公民相同的待遇。法律面前人人平等是法律的价值追求，它的确立无法消除事实上的

不平等，与此同时，它并不排除法律上的合理差别对待。公民在法律面前一律平等是中国社会主义法制的一项基本原则，对此，我国现行《宪法》第 33 条第 2 款明确规定："中华人民共和国公民在法律面前一律平等。"

二十八、程序公正

程序公正又称程序正义，过程的公正，是指法的制定和实施应遵循的公正的基本规则和步骤。其内容包括程序公开、程序中立、程序参与、程序平等、程序安定、程序保障。司法上的程序公正则是指诉讼参与人对诉讼能充分有效地参与，程序得到遵守，程序违法得到救济。程序公正侧重于形式上的公正，它凸显出判决的可预测性。

二十九、实体公正

实体公正又称实体正义，结果的公正，是指司法裁判应以客观存在的事实为依据，且适用法律正确，其内容包括标准公正和结果公正。司法上的实体公正是指司法裁判依法作出，且判决本身目的正当、手段合理和结果均衡。实体公正侧重于实质上的公正，它凸显出判决的可接受性。

三十、法律监督的一般原理

权力必须受到制约，这是一条亘古不变的公理。在我国社会主义条件下，加强对权力的监督是发展社会主义民主政治、落实依法治国基本方略的重要内容，是构建社会主义和谐社会的必然要求。加强对权力的监督，根本目的就是要保证国家机关及其公职人员始终坚持全心全意为人民服务的宗旨。

三十一、我国的法律监督体系

我国的法律监督体系由国家机关（权力机关、行政机关、监察机关、司法机关）监督体系和非国家机关（政党、人民团体、社会组织、公民、舆论等）监督体系两部分组成。其中，监察机关的设立实现了对行使公权力人员的监督的全覆盖。我国已经建立并逐步完善法律监督体系。在我国的监督体系中，中国共产党是执政党，在国家生活中处于领导地位，在监督宪法和法律的实施、维护国家法制统一、监督党和国家方针政策的贯彻、监督各级干部尤其是领导干部方面发挥着重要作用。与此同时，人民代表大会制度是对实施法律监督的根本政治制度。

【注意】监察机关与其他国家机关的关系：

1. 监察机关办理职务违法和职务犯罪案件，应当与审判机关、检察机关、执法部门互相配合，互相制约。

2. 监察委员会依法独立行使监察权是前提。

3. 各机关间的互相配合是以各司其职为基础，通力合作、密切配合，依法办理职务违法犯罪案件。

4. 各机关间的互相制约体现了监督原则，也是行使监督权的制度保障。

三十二、我国法律监督的基本原则

我国法律监督的基本原则包括：民主原则（多元、双向、开放），法治原则（主体、权限均须合法），公开原则（增加透明度、既是前提也是趋势），独立原则（监督的机关设置、人员任免、活动进行均依法进行，不受非法干涉），效率原则（措施得力、及时、有效）。

三十三、法律与政治的一般关系

法与政治都属于上层建筑，都受制于和反作用于一定的经济关系。它们是相互作用、相辅相成的关系。特别是近现代以来，可以说，法在多大程度上离不开政治，政治也便在多大程度上离不开法。法与政治体制、政治功能、政治角色的行为、政治运行和发展的关系都极其密切。

三十四、法律与政策的一般关系

政策一般指国家或政党的政策，此处指政党政策。政党政策是政党为实现一定政治目标、完成一定任务而作出的政治决策。法与执政党政策在内容和实质方面存在联系，包括阶级本质、经济基础、指导思想、基本原则和社会目标等根本方面具有共同性。但二者的区别也很明显，主要表现在：意志属性不同，规范形式不同，实施方式不同，调整范围不同，稳定性、程序化程度不同。

三十五、法律与国家权力的一般关系

在最一般的意义上，法与国家权力构成相互依存、相互支撑的关系。与此同时，法与国家权力也存在紧张或冲突关系。近现代法治的实质和精义在于控权，即对权力在形式和实质上的合法性的强调，包括权力制约权力、权利制约权力和法律的制约。法律的制约是一种权限、程序和责任的制约。

三十六、法律与道德的一般关系

法律与道德都是极其重要的社会现象，二者同根同源、彼此影响，既有联系，又有区别，在很多场合中往往存在冲突。近现代以来，法治社会通常认为“法律是最低限度的道德”，一般都倾向于强调法律调整的突出作用。但是，这并不意味着法律因而成为社会的唯一调整手段，实际上，法律应当与道德、文化等其他方式结合起来，协调地发挥调整社会的功能，而不是仅仅依靠法律调整社会——这样的做法无疑是“法律的暴政”。

三十七、中国特色社会主义法治建设与传统文化

法律并非凭空产生，借鉴既有的人类法治文明成果是社会主义法产生的重要条件。中国的历史文化、体制机制、基本国情与其他国家并不相同，因而国家治理有其他国家不可比拟的特殊性和复杂性。中国特色社会主义法治建设既要充分发挥长期积累的经验和优势，又要有底气、有自信、以我为主、兼收并蓄、突出特色，努力以中国智慧、中国实践为世界法治文明建设做出贡献。对世界上的优秀法治文明成果，要积极吸收借鉴，也要加以甄别，有选择地吸收和转化，不能囫囵吞枣、照搬照抄。要言之，中国特色社会主义法治建设必须坚持从实际出发，这要求法治建设

必须汲取中华法律文化精华，借鉴国外法治有益经验，但决不照搬外国法治理念和模式。

三十八、司法的独立性

司法的独立性是指在组织技术上，司法机关只服从于法律，不受上级机关和行政机关的干涉；司法机关在审判活动中所发表的言论、所做的一切行为不被追究法律责任。

三十九、司法的被动性

司法的被动性是指司法的惯常机制是“不告不理”，程序的启动离不开权利人或特定机构的提请或诉求，这就意味着“司法者从来都不能主动发动一个诉讼”，因为这与司法权的性质相悖。

四十、司法的交涉性

司法的交涉性是指司法的整个过程离不开多方利益主体的诉讼参与，而不像行政管理活动通过单方面调查取证而形成决定。

四十一、司法的程序性

司法的程序性是指司法机关处理案件必须依据相应的程序法规定。法定程序是保证司法机关正确、合法、及时地适用法律的前提，是实现司法公正的重要保证。

四十二、司法的普遍性

司法的普遍性有三层内涵：①案件的司法解决意味着个别性事件获得普遍性，普遍性在个别事件中得以实现；②司法不仅具有形式上的普遍性，在实质意义上，司法可以解决其他机关所不能解决的一切纠纷；③在现代社会，司法构成社会纠纷解决体系中最具普适性的方式，法院已成为最主要的纠纷解决主体。

四十三、司法的终极性

司法的终极性有两层内涵：

1. 司法是解决纠纷、处理冲突的最后环节，法律适用后果是最终性的决定。

2. 相对于其他纠纷解决方式，司法是现代社会最重要的解决争端的手段。

四十四、司法效率与司法公正的关系

1. 二者相伴相随、两位一体。效率与公正是市场经济条件下法律体系两大价值目标：

（1）司法公正本身就含有对效率的要求，没有效率就谈不上公正，不公正则效率也无从说起；

（2）司法效率的部分基本构成要素，也是追求公正时必不可少的部分，如司法的独立性、司法人员的专业性等；

（3）司法效率与司法公正时常是互为手段和目的的。

2. 二者存在内在的紧张关系：

（1）效率具有绝对性而公正具有相对性；

（2）效率属于工具理性，具有明确的可比性，而公正属于价值理性，具有模糊的相对性。

在司法价值取向问题上，当前我们宜选择“公正优先，兼顾效率”的价值目标。

四十五、审判独立、检察独立

审判独立与检察独立是现代法治国家普遍承认的一项基本法律准则。司法独立不意味着法官可以根据个人主张做决定，而是表明他们可以自由地依法裁决——即使违背政府或涉案的权势集团的意愿。

我国审判独立与检察独立的基本内容包括：

1. 国家的审判权和检察权只能分别由人民法院和人民检察院依法统一

行使，其他机关、团体或个人无权行使这项权力。

2. 司法机关依照法律独立行使职权，不受行政机关、社会团体和个人的干涉。行政机关等不得使用任何权力干涉司法程序。

3. 司法机关在司法活动中必须依照法律规定，正确地适用法律。

在司法过程中，坚持审判独立与检察独立原则，与司法机关坚持中国共产党的领导、坚持群众路线是一致的。

专题1　论述题的结构、评分及写作示例

一、主观题的逻辑结构

法治理论的命题，有两种套路：

1. 将理论性材料（如领导人讲话）与理论结合进行考查，即“理论+理论”型。

2. 将部门法案例与理论结合进行考查，即“案例+理论”型。

无论哪一种类型的作答，关键在于找准材料所列举的现象，然后按照以下“三段论”的套路写作。

如下例所示：

> 遵循“三段论”的基本框架：
>
> 第一段：是什么？
>
> ——写明相应的基本概念和理论。
>
> 第二段：为什么？
>
> ——分析材料所列现象（行为、看法、措施、意见等），辨明正误。
>
> 第三段：怎么办？
>
> ——提出对策，适当总结。

2015年卷四第一题（本题20分）

材料一：法律是治国之重器，法治是国家治理体系和治理能力的重要依托。全面推进依法治国，是解决党和国家事业发展面临的一系列重大问题，解放和增强社会活力、促进社会公平正义、维护社会和谐稳定、确保党和国家长治久安的根本要求。要推动我国经济社会持续健康发展，不断开拓中国特色社会主义事业更加广阔的发展前景，就必须全面推进社会主义法治国家建设，从法治上为解决这些问题提供制度化方案。

（摘自习近平《关于〈中共中央关于全面推进依法治国若干重大问题的决定〉的说明》）

材料二：同党和国家事业发展要求相比，同人民群众期待相比，同推进国家治理体系和治理能力现代化目标相比，法治建设还存在许多不适应、不符合的问题，主要表现为：有的法律法规未能全面反映客观规律和人民意愿，针对性、可操作性不强，立法工作中部门化倾向、争权诿责现象较为突出；有法不依、执法不严、违法不究现象比较严重，执法体制权责脱节、多头执法、选择性执法现象仍然存在，执法司法不规范、不严格、不透明、不文明现象较为突出，群众对执法司法不公和腐败问题反映强烈。

【为什么?】
需要提炼分析并辨明正误的现象。

（摘自《中共中央关于全面推进依法治国若干重大问题的决定》）

问题：

根据以上材料，结合全面推进依法治国的总目标，从立法、执法、司法三个环节谈谈建设社会主义法治国家的意义和基本要求。

【是什么？】
需要准确再认、再现的基本概念和理论。

【怎么办？】
从理论高度提出你的对策和建议。

对照这一标准，看看自己的答案，有没有“是什么”“为什么”“怎么办”这三个部分，没有的话，即为不合格。

二、主观题的评分标准

可以说“答题要求”即评分标准。评分标准与题目的“答题要求”相应，它围绕着答案的三层逻辑结构而设计。下面以 2003 年真题及其评分标准为例：

2003 年卷四第八题（本题 30 分）

案情：某市为加强道路交通管理，规范日益混乱的交通秩序，决定出台一项新举措，由交通管理部门向市民发布通告，凡自行摄录下机动车辆违章行驶、停放的照片、录像资料，送经交通管理部门确认后，被采用并在当地电视台播出的，一律奖励人民币 200 元~300 元。此举使许多市民踊跃参与，积极举报违章车辆，当地的交通秩序一时间明显好转，市民满意。新闻报道后，省内甚至外省不少城市都来取经、学习。但与此同时，也发生了一些意想不到的事：有违章驾车者去往不愿被别人知道的地方，电视台将车辆及背景播出后，引起家庭关系、同事关系紧张，甚至影响了当事人此后的正常生活的；有乘车人以肖像权、名誉权受到侵害，把电视台、交管部门告上法庭的；有违章司机被单位开除，认为是交管部门超范围行使权力引起的；有抢拍者被违章车辆故意撞伤后，向交管部门索赔的；甚至有利用偷拍照片向驾车人索要高额“保密费”的，等等。报刊将上述新闻披露后，某市治理交通秩序的举措引起了社会不同看法和较大争议。

问题：

请谈谈你对某市治理交通秩序新举措合法性、合理性的认识。（注意：

不能仅就此举引发的一些问题、个案谈具体适用法律的意见）

答题要求：

1. 运用掌握的法学知识阐释你认为正确的观点和理由；
2. 说理充分，逻辑严谨，语言流畅，表述准确；
3. 答题文体不限，字数要求800~1000字。

【2003年司法部公布的论述题评分标准】

1. 运用掌握的法学知识阐释你认为正确的观点和理由；（18分）
2. 说理充分，逻辑严谨，语言流畅，表述准确；（8分）
3. 答题文体不限，字数要求800~1000字。（4分）

以2015年卷四第一题为例来分析：

题干、问题略。

答题要求：

1. 无观点或论述、照搬材料原文的不得分；
2. 观点正确，表述完整、准确；
3. 总字数不得少于400字。

由此可见，该题的回答：

1. 有观点且观点政治正确，否则扣分；
2. 有论述，而且不是照搬材料原文，否则扣分；
3. 大于等于400字，否则扣分。

三、写作示例

（一）2015年司法考试卷四第一题之示例

2015年卷四第一题（本题20分）

材料一：法律是治国之重器，法治是国家治理体系和治理能力的重要依托。全面推进依法治国，是解决党和国家事业发展面临的一系列重大问题，解放和增强社会活力、促进社会公平正义、维护社会和谐稳定、确保党和国家长治久安的根本要求。要推动我国经济社会持续健康发展，不断开拓中国特色社会主义事业更加广阔的发展前景，就必须全面推进社会主义法治国家建设，从法治上为解决这些问题提供制度化方案。

（摘自习近平《关于〈中共中央关于全面推进依法治国若干重大问题的决定〉的说明》）

材料二：同党和国家事业发展要求相比，同人民群众期待相比，同推进国家治理体系和治理能力现代化目标相比，法治建设还存在许多不适应、不符合的问题，主要表现为：有的法律法规未能全面反映客观规律和人民意愿，针对性、可操作性不强，立法工作中部门化倾向、争权诿责现象较为突出；有法不依、执法不严、违法不究现象比较严重，执法体制权责脱节、多头执法、选择性执法现象仍然存在，执法司法不规范、不严格、不透明、不文明现象较为突出，群众对执法司法不公和腐败问题反映强烈。

（摘自《中共中央关于全面推进依法治国若干重大问题的决定》）

问题：

根据以上材料，结合全面推进依法治国的总目标，从立法、执法、司法三个环节谈谈建设社会主义法治国家的意义和基本要求。

答题要求：

1. 无观点或论述、照搬材料原文的不得分；
2. 观点正确，表述完整、准确；
3. 总字数不得少于400字。

参考答案（要点）：

［第1层］是什么？写明相应的基本概念和理论。

以制度化方案解决立法、执法、司法环节中的现存问题，是全面依法治国总目标、建设社会主义法治国家的必然要求。

观点

全面依法治国的总目标是建设中国特色社会主义法治体系，建设社会主义法治国家。即在党的领导下，坚持中国特色社会主义制度，贯彻中国特色社会主义法治理论，形成完备的

准确再现基本概念

法律规范体系、高效的法治实施体系、严密的法治监督体系、有力的法治保障体系，形成完善的党内法规体系，坚持依法治国、依法执政、依法行政共同推进，坚持法治国家、法治政府、法治社会一体建设，实现科学立法、严格执法、公正司法、全民守法，促进国家治理体系和治理能力现代化。

为了实现这一目标，必须在立法、执法、司法环节上做到以下数端：

过渡句

[第2层] 为什么？分析现象（行为、看法、措施、意见等），辨明正误。

1. 从立法环节来看，要完善以宪法为核心的法律体系，加强宪法实施。建设中国特色社会主义法治体系，必须坚持立法先行，发挥立法的引领和推动作用，抓住提高立法质量这个关键。形成完备的法律规范体系，要贯彻社会主义核心价值观，使每一项立法都符合宪法精神。当前，立法领域还存在法律法规的及时性不强（系统性、有效性不强，有的法律法规针对性、可操作性不强，立法工作中部门化倾向、争权诿责现象较为突出）等问题，只有狠抓立法质量的提高，才能将其彻底解决。

2. 从执法环节来看，要深入推进依法行政，加快建设法治政府。法律的生命力和法律的权威均在于实施。建设法治政府要求在党的领导下，创新执法体制，完善执法程序，推进综合执法，严格执法责任，建立权责统一、权威高效的依法行政体制，加快建设职能科学、权责法定、执法严明、公开公正、廉洁高效、守法诚信的法治政府。当前，执法领域还存在执法体制权责脱节（多头执法、选择性执法现象仍然存在）等问题，只有深入推进依法行政，才能最终将其解决。

3. 从司法环节看，要保证公正司法，提高司法公信力。要完善司法管理体制和司法权力运行机制，规范司法行为，加强监督，让人民群众在每一个司法案件中感受到公平正义。当前，司法领域还存在司法不规范（不严格、不透明、不文明，司法不公和腐败）等问题，要实现公正司法，必须及时将其解决。

［第3层］怎么办？提出对策。

解决立法、执法、司法中的这些问题，是建设社会主义法治国家的必由之路，是全面依法治国的首要任务，也是解决党和国家事业发展面临的一系列重大问题，确保党和国家长治久安的根本要求。

以立法、执法、司法等环节为起点全面推进依法治国，寻求现存问题的制度化解决方案，才能确保我国的经济社会持续健康发展，中国特色社会主义事业才有更加广阔的发展前景。

（二）2015年司法考试卷四第七题之示例

2015年卷四第七题（本题26分）

案情：某日凌晨，A市某小区地下停车场发现一具男尸，经辨认，死者为刘瑞，达永房地产公司法定代表人。停车场录像显示一男子持刀杀死了被害人，但画面极为模糊，小区某保安向侦查人员证实其巡逻时看见形似刘四的人拿刀捅了被害人后逃走（开庭时该保安已辞职无法联系）。

侦查人员在现场提取了一只白手套，一把三棱刮刀（由于疏忽，提取时未附笔录）。侦查人员对现场提取的血迹进行了ABO血型鉴定，认定其中的血迹与犯罪嫌疑人刘四的血型一致。

刘四到案后几次讯问均不认罪，后来交代了杀人的事实并承认系被他人雇佣所为，公安机关据此抓获了另外两名犯罪嫌疑人康雍房地产公司开发商张文、张武兄弟。

侦查终结后，检察机关提起公诉，认定此案系因开发某地块利益之争，张文、张武雇佣社会人员刘四杀害了被害人。

法庭上张氏兄弟、刘四同时翻供，称侦查中受到严重刑讯，不得不按办案人员意思供认，但均未向法庭提供非法取证的证据或线索，未申请排除非法证据。

公诉人指控定罪的证据有：①小区录像；②小区保安的证言；③现场提取的手套、刮刀；④ABO血型鉴定；⑤侦查预审中三被告人的有罪供述及其相互证明。三被告人对以上证据均提出异议，主张自己无罪。

问题：

1. 请根据《刑事诉讼法》及相关司法解释的规定，对以上证据分别进行简要分析，并作出是否有罪的结论。

2. 请结合本案，谈谈对《中共中央关于全面推进依法治国若干重大问题的决定》中关于“推进以审判为中心的诉讼制度改革，确保侦查、审查起诉的案件事实证据经得起法律的检验”这一部署的认识。

答题要求：

1. 无本人分析、照抄材料原文不得分；

2. 结论、观点正确，逻辑清晰，说理充分，文字通畅；

3. 请按问题顺序作答，总字数不得少于800字。

参考答案（要点）：

1. 略。

2. ［第1层］是什么？写明相应的基本概念和理论。

在本案中正确适用非法证据排除规则就是对中共中央这一部署的贯彻落实。

观点

这一部署是指，推进以审判为中心的诉讼制度改革，确保侦查、审查起诉的案件事实证据经得起法律的检验。全面贯彻证据裁判规则，严格依法收集、固定、保存、审查、运用证据，完善证人、鉴定人出庭制度，保证庭审在查明事实、认定证据、保护诉权、公正裁判中发挥决定性作用。

准确再现基本概念

具体而言，有以下数端：

过渡句

［第2层］为什么？分析材料所列现象（行为、看法、措施、意见等），辨明正误。

（1）全面贯彻证据裁判规则，严格依法收集、固定、保存、审查、运用证据。本案中：①现场提取的白手套、三棱刮刀，因疏忽而未附笔录；

②停车场录像画面极为模糊，必须与小区保安证言相互印证。以上证据被作为有罪证据，显然不符合中央部署的要求。

（2）完善证人、鉴定人出庭制度。本案中，小区保安的证言和 ABO 血型鉴定被作为有罪证据，但是，开庭时该保安已辞职无法联系因而无法出庭，血型鉴定的鉴定人也并未出庭，这显然不符合中央部署的要求。

（3）保证庭审在查明事实、认定证据、保护诉权、公正裁判中发挥决定性作用。本案中，三被告人一方面辩称受到刑讯逼供，对其有罪供述均提出异议，另一方面又未向法庭提供非法取证的证据或线索，未申请排除非法证据。对此，应当在法庭上彻底查明事实，既要保护被告人的法定人权，又要运用合法证据公正裁判。

［第 3 层］怎么办？提出对策。

在本案中，能否贯彻落实中央的这一部署，决定了本案判决的公正与否。公正是法治的生命线，司法公正对社会公正具有重要引领作用，司法不公对社会公正具有致命破坏作用。因此，必须推进以审判为中心的诉讼制度改革，确保侦查、审查起诉的案件事实证据经得起法律的检验，唯有如此，才能真正树立司法权威，提高司法公信力，让人民群众在每一个司法案件中感受到公平正义。

四、写作形式要求

（一）杜绝任何形式的白卷

（二）把最重要的写得最显眼

如果用一个自然段的文字表述一个中心意思，大致有两种写法：①段首写明主旨，说明文字紧随其后；②一切与此不同的写法，如先写说明文字而在段尾作出总结，抑或把主旨夹杂于段落之中，诸如此类，不一而足。

将以上两种不同的写法置于阅卷的背景之下，大略可称第一种写法为“开门见山”的写法，第二种写法为“名落孙山”的写法。之所以作如此近乎夸张的论断，其最重要的原因就在于阅卷时间有限。在有限的时间内，阅卷人只可能将其注意力集中到最显眼的地方，而不是在仔细阅读之后提炼出所阅文章的重点。因此，主观题作答须以格式突出重点，把最重要的东西写在最显眼的地方。

（三）多分段以示条理明晰

最好在关联段落前冠以“首先、其次、再次、又次”或是“其一、其二、其三、其四”这一类字眼。结合到前述第二点“把最重要的写得最显眼”的技巧，文章的视觉冲击力自然强大起来。

（四）合理配时确保字数达标

就理论法学主观题而言，近年来一直保持着这种格局：第一题是法治理念简析题，第七题是法理为主的论述题。考虑到第四卷的时长和其他科目主观题的耗时，理想状态下两道题应控制在60分钟左右，这一时间包括思考解题耗时和书写答题耗时。这一时间对于大多数考生来说都只是够用而已，因为其中书写答题耗时会占用相当多的时间。以2011年司法考试第四卷为例，该卷第一题和第七题有明确字数限制：前者不少于400字，后者不少于500字。一般而言，普通中国人用笔在纸上长时间连续写字的速度通常为每分钟20到30字左右，如此一来，900字耗时30到45分钟。

在这里，还有一个相关问题必须予以说明，即理论法学的主观题到底写多少字合适？首先，字数（包括段首空格和标点符号在内）不得少于规定数目；其次，在时间允许的前提下尽量多写——对司法考试阅卷人而言，“洋洋洒洒”造成的视觉冲击和由此产生的心理愉悦远比“寥寥数语”要强。

“多写好过少写”的认识与前述“把最重要的写得最显眼”的认识有紧密联系，后者确保前者不至于沦落到作者写得越多而读者越烦的田地。

（五）如有可能多使用法言法语

法学与其他学科的最明显区别在于法律术语，与之相适应，法律人与其他人群的最明显区别就在于法律人能运用这些术语作出描述、解释和判断。法学家关于这一点的论述很多，兹举几例以证之，如麦考密克说“法学其实不过是一门法律语言学”；丹宁勋爵说“要想在与法律有关的职业中取得成功，你必须尽力培养自己掌握语言的能力”；休谟说“法的世界肇始于语言”。

不过，万一遇到的问题在自己所习法言法语的范围之外，也无伤大雅。的确，法言法语的运用诚可令文章增色，但是，理论法学主观题的作答不可能从头至尾都是法言法语。

专题2 案例写作演练

案例一 回避、法官中立

材料：某县人民法院对甲、乙、丙三人强奸盗窃一案进行了不公开审理。

在本案中，钱律师担任甲的辩护人，而同所的其他律师是该案件被害人之一的近亲属，钱律师并未告知甲。

开庭后，被告人甲、乙、丙三人同时申请审判员向某回避，其理由是向某与被害人黄某系世交，黄某此前宴请向某，并与向某以兄妹相称的场景曾被甲的堂兄拍到。甲、乙、丙三人认为，向某不可能公正审理本案。

在审判的过程中，被告人丙表达存在障碍，经常出现说不出话的情况，审判长杜某屡次提醒丙不要着急，慢慢把话说清楚，对此，被告人甲、乙认为自己在庭审并未得到与丙相同的待遇，甲、乙认为审判长杜某的做法违背了法律面前人人平等的原则。

本案在审理过程中，由于案件在当地的社会影响极大，因而引起了舆论的密切关注，公众要求严惩三被告人的呼声日益高涨，要求从严、从重、从快审判的说法屡屡见诸报端。对此，合议庭不为所动，坚持按部就班地在审限内完成了审判，以事实为依据、以法律为准绳，并未对三被告人从重处罚。

问题：（共30分）

1. 本案中钱律师的做法是否正确？正确的做法是什么？（2分）

2. 本案中审判员向某是否应当回避？为什么？（2分）

3. 本案中审判长杜某是否违背了法律面前人人平等的原则？为什么？（3分）

4. 本案中合议庭的做法是否妥当？为什么？（3分）

5. 结合本案例，从司法人员的中立性、遵守回避规定出发，谈谈你对保证司法公正的认识。（20分）

答题区

解题思路

1. 钱律师的做法不正确。正确的做法是，钱律师应当告知被告人甲并主动提出回避，除非被告人甲同意其代理或者继续承办。根据《律师执业行为规范（试行）》第52条第1款的规定，有下列情形之一的，律师应当告知委托人并主动提出回避，但委托人同意其代理或者继续承办的除外：①接受民事诉讼、仲裁案件一方当事人的委托，而同所的其他律师是该案件中对方当事人的近亲属的；②担任刑事案件犯罪嫌疑人、被告人的辩护人，而同所的其他律师是该案件被害人的近亲属的；③同一律师事务所接受正在代理的诉讼案件或者非诉讼业务当事人的对方当事人所委托的其他法律业务的；④律师事务所与委托人存在法律服务关系，在某一诉讼或仲裁案件中该委托人未要求该律师事务所律师担任其代理人，而该律师事务所律师担任该委托人对方当事人的代理人的；⑤在委托关系终止后1年内，律师又就同一法律事务接受与原委托人有利害关系的对方当事人的委托的；⑥其他与本条第1项至第5项情况相似，且依据律师执业经验和行业常识能够判断的其他情形。

2. 审判员向某应当回避，因为他接受所承办案件受害人的宴请，违反了《法官职业道德基本准则》，为了案件的公正审理，他应当回避。根据《法官职业道德基本准则》第13条的规定，法官应当自觉遵守司法回避制度，审理案件保持中立公正的立场，平等对待当事人和其他诉讼参与人，不偏袒或歧视任何一方当事人，不私自单独会见当事人及其代理人、辩护人。

3. 审判长杜某的做法并不违背法律面前人人平等的原则。法官应当充分注意到由于当事人和其他诉讼参与人的民族、种族、性别、职业、宗教信仰、教育程度、健康状况和居住地等因素而可能产生的差别，保障诉讼各方平等、充分地行使诉讼权利和实体权利。法官应当为当事人实现诉讼权利平等提供条件，其中之一便是保证当事人都有平等的机会向法官阐述自己对案件的看法和自己的主张、理由。

4. 合议庭的做法妥当。这是坚持审判独立的表现。审判独立的内涵有三：①外部独立，即法官在行使审判权时与司法体系外的其他国家权力、其他影响相独立；②内部独立，即法官应当尊重其他法官对审判职权的独立行使，排除法院系统内部对法官独立审判的干涉和影响；③法官内心独立，即法官不论在何种情况下，都应当有独立意识，自觉地对案件作出判断，排除各种不当影

响，并有勇气坚持自己认为正确的观点。

5.《中共中央关于全面推进依法治国若干重大问题的决定》指出：公正是法治的生命线。司法公正对社会公正具有重要引领作用，司法不公对社会公正具有致命破坏作用。司法人员的中立性和司法人员的回避制度都与司法公正紧密相关。

答题要点

1. 钱律师的做法不正确。(1 分) 正确的做法是，钱律师应当告知被告人甲并主动提出回避，除非被告人甲同意其代理或者继续承办。(1 分)

2. 审判员向某应当回避。(1 分) 因为他接受所承办案件受害人的宴请，违反了《法官职业道德基本准则》，为了案件的公正审理，他应当回避。(1 分)

3. 审判长杜某的做法并不违背法律面前人人平等的原则。(1 分) 审判长杜某的做法是为了保证被告人丙有充分的机会阐述自己的看法和主张、理由（1 分），这恰恰保障了丙享有与其他诉讼参与人同等的诉讼机会，这是平等原则的体现（1 分）。

4. 合议庭的做法妥当。(1 分) 这是坚持审判独立的表现（1 分），这说明合议庭的判决并未受制于外部因素，而是依法裁判的结果（1 分）。

5. 司法公正是法律精神的内在要求，是法治的组成部分和基本内容，是民众对法制的必然要求。(3 分) 对此，《中共中央关于全面推进依法治国若干重大问题的决定》指出：公正是法治的生命线。司法公正对社会公正具有重要引领作用，司法不公对社会公正具有致命破坏作用。必须完善司法管理体制和司法权力运行机制，规范司法行为，加强对司法活动的监督，努力让人民群众在每一个司法案件中感受到公平正义。(7 分)

（1）司法人员的中立性要求：①法官与当事人司法距离保持等同，对案件的态度超然、客观（2 分）；②法官同争议的事实和利益没有关联，不对任何当事人存有歧视或偏爱（2 分）；③法官情感自控、避免前见（2 分）。

（2）法官遵守回避规定包括：①禁止单方面接触，法院工作人员不得私下接触本人审理案件的当事人及其亲属、代理人、辩护人或者其他关系人（2 分）；②法官不得以言语和行动表现出任何歧视，并有义务制止和纠正诉讼参与人和其他人员的任何歧视性言行（2 分）。

案例二　审判制度与司法公正

材料：2012年2月6日至7日，重庆市原副市长王某私自进入美国驻成都总领事馆滞留，在国内外造成恶劣影响。事后，侦查机关依法对此进行调查。

2012年7月22日，经成都市人民检察院批准，王某涉嫌叛逃罪，因涉及国家秘密，由成都市国家安全局执行逮捕，侦查终结后移送成都市人民检察院审查起诉；王某涉嫌徇私枉法案，经最高人民检察院指定，安徽省合肥市人民检察院侦查终结后，移送成都市人民检察院审查起诉；王某涉嫌受贿、滥用职权案，经最高人民检察院指定，四川省人民检察院侦查终结后，移送成都市人民检察院审查起诉。

2012年9月5日，成都市人民检察院依法对王某涉嫌犯罪提起公诉，成都市中级人民法院依法受理。

2012年9月17日，王某涉嫌叛逃、滥用职权案不公开开庭审理；9月18日，王某涉嫌受贿、徇私枉法案，依法公开开庭审理。被告人亲属、媒体记者、人大代表、政协委员和部分群众旁听了公开庭审。

问题：（共25分）

1. 王某涉嫌叛逃、滥用职权案是否应当不公开审理？为什么？（5分）

2. 结合本案例，从阳光司法机制出发，围绕司法活动的公开性，谈谈你对审判公开制度的认识。（20分）

答题区

解题思路

1. 王某涉嫌叛逃、滥用职权案属于不公开审理的案件。不公开审理是指人民法院在进行诉讼活动时，根据法律规定或者其他正当事由，对案件不进行公开审理的司法审判制度。

根据我国现行法律规定，下列案件不公开审判：①有关国家秘密的案件；②有关个人隐私的案件；③审判的时候被告人不满18周岁的案件，不公开审理，但是，经未成年被告人及其法定代理人同意，未成年被告人所在学校和未成年人保护组织可以派代表到场；④对当事人提出申请的确属涉及商业秘密的案件，法庭可以决定不公开审理。对于不公开审理的案件，应当当庭宣布不公开审理的理由。不公开审理的案件，宣告判决一律公开进行。依法不公开审理的案件，任何公民包括与审理该案无关的法院工作人员和被告人的近亲属都不得旁听，但是，未成年被告人的法定代理人除外。

2. 司法公开是司法公正的应有之义，对此《中共中央关于全面推进依法治国若干重大问题的决定》提出了明确要求，即构建开放、动态、透明、便民的阳光司法机制，推进审判公开、检务公开、警务公开、狱务公开，依法及时公开执法司法依据、程序、流程、结果和生效法律文书，杜绝“暗箱操作”。因此，王某涉嫌叛逃、滥用职权案不公开开庭审理，与此同时，王某涉嫌受贿、徇私枉法案则依法公开开庭审理。

答题要点

1. 应当不公开审理（2分），因为涉嫌叛逃一案的内容涉及国家秘密（3分）。

2. 审判公开制度的健全与完善，离不开阳光司法机制的推进，必须体现司法活动的公开性，这是保证公正司法、提高司法公信力的重要内容。（3分）

（1）审判公开制度，是指除非法律另有规定，法院审判案件应当公开进行，除休庭评议这个程序是秘密进行的以外，其他审判程序，包括宣布开庭、法庭调查、法庭辩论、被告人最后陈述和宣告判决，均公开进行。（5分）

（2）司法活动的公开性是指诉讼程序的每一阶段和步骤都应当以当事人和社会公众看得见的方式进行。（2分）《中共中央关于全面推进依法治国若干重大问题的决定》对司法公开提出明确要求：构建开放、动态、透明、便民的阳光司法机制，推进审判公开、检务公开、警务公开、狱务公开，依法及时公开执法司法依据、程序、流程、结果和生效法律文书，杜绝“暗箱操作”。加强法律文书释法说理，建立生效法律文书统一上网和公开查询制度。（3分）

（3）努力扩大司法民主，深化司法公开，才能更好地满足民众对司法工作的知情权、参与权、表达权、监督权。（2分）为了实现司法公正，避免司法活动封闭进行的状况，法院应当努力实现立案公开、庭审公开、审判结果公开、裁判文书公开和执行过程公开，检察院应当实行检务公开，让民众更广泛地参与司法、了解司法、监督司法。（5分）

案例三 法的渊源

材料： H省R县种子公司与H省Y县种子公司签订合同，约定由Y县种子公司代为培育玉米种子。此后，R县种子公司以Y县种子公司没有履约为由诉至L市中级人民法院，请求赔偿，Y县种子公司亦同意赔偿，但是，双方在赔偿金额上无法达成一致。

双方争议的焦点在于种子定价问题：如果根据H省人大常委会1989年出台的《H省农作物种子管理条例》，应该适用政府指导价，如果根据2001年的《种子法》，应该适用市场价。

此后，L市中级人民法院一审判决认为《H省农作物种子管理条例》作为法律位阶较低的地方性法规，其与《种子法》相冲突的条款自然无效，遂判令Y县种子公司按市场价进行赔偿。Y县种子公司不服判决，上诉至H省高级人民法院。

问题：（共20分）

1.《H省农作物种子管理条例》和《种子法》属于当代中国法的哪一类渊源？它们二者分别属于何种性质的法的渊源？（6分）

2.《H省农作物种子管理条例》和《种子法》之间冲突属于哪一类法的渊源的冲突？为什么？（3分）

3. 根据我国现行《立法法》和法理学的基本原理，L市中级人民法院的一审判决是否正确？为什么？（7分）

4. 根据我国现行《立法法》规定，对于《H省农作物种子管理条例》与《种子法》相冲突的条款，应当如何处理？（4分）

答题区

解题思路

1. 当代中国法的渊源分为正式的法的渊源和非正式的法的渊源。①正式的法的渊源是指具有明文规定的法律效力并且直接作为法律人的法律决定的大前提的规范来源的那些资料，如宪法、法律、法规等，主要为制定法，即不同国家机关根据具体职权和程序制定的各种规范性文件；②非正式的法的渊源则指不具有明文规定的法律效力，但具有法律说服力并能够构成法律人的法律决定的大前提的准则来源的那些资料，如正义标准、理性原则、公共政策、道德信念、社会思潮、习惯、乡规民约、社团规章、权威性法学著作，还有外国法等。根据这一判断标准，《H 省农作物种子管理条例》和《种子法》属于当代中国法的正式渊源。

当代中国法的正式渊源包括：宪法，法律（狭义），行政法规，规章，地方性法规，民族自治法规，国际条约，国际惯例，中央军委制定的军事法规和军内有关方面制定的军事规章，特别行政区的法律，经济特区的规范性文件。《H 省农作物种子管理条例》属于地方性法规，《种子法》属于法律。

2. 正式的法的渊源之间的冲突分为不同位阶的冲突、同一位阶的冲突和位阶交叉的冲突。其中，不同位阶的法的渊源的冲突是指不同层次或等级的法律之间的冲突。《H 省农作物种子管理条例》属于地方性法规类的渊源，《种子法》属于法律类的渊源，二者处于不同层次，其冲突属于不同位阶的法的渊源的冲突。

3. 解决不同位阶的法的渊源的冲突，以宪法（或根本法）为核心，遵循上位法高于下位法原则。其中，不同位阶的法的渊源的等级划分如下：①第一等级：宪法（或根本法）；②第二等级：法律、国际公约；③第三等级：行政法规；④第四等级：地方性法规、自治条例、单行条例和行政规章。由此可见，法律高于地方性法规。另外，根据现行《立法法》第 88 条第 1 款的规定，法律的效力高于地方性法规。因此，《种子法》的位阶高于《H 省农作物种子管理条例》，一审法院的判决并无不妥。

4. 根据现行《立法法》第 96 条的规定，法律、行政法规、地方性法规、自治条例和单行条例、规章有下列情形之一的，由有关机关依照本法第 97 条规定的权限予以改变或者撤销：①超越权限的；②下位法违反上位法规定的；③规章之间对同一事项的规定不一致，经裁决应当改变或者撤销一方的规定

的；④规章的规定被认为不适当，应当予以改变或者撤销的；⑤违背法定程序的。因此，对于《H 省农作物种子管理条例》与《种子法》相冲突的条款，应当由有关机关予以改变或者撤销。具体到本案，对于 H 省人大常委会制定的《H 省农作物种子管理条例》，既可由全国人大常委会予以撤销，也可由 H 省人大改变或者撤销。

答题要点

1.《H 省农作物种子管理条例》和《种子法》都是当代中国法的正式渊源。（2 分）《H 省农作物种子管理条例》属于地方性法规（2 分），《种子法》属于法律（2 分）。

2. 二者之间的冲突属于不同位阶的法的渊源的冲突。（1 分）因为《H 省农作物种子管理条例》属于地方性法规类的渊源，《种子法》属于法律类的渊源，二者处于不同层次，因此属于不同位阶。（2 分）

3. 一审法院的判决正确。（1 分）因为在不同位阶的法的渊源中，法律位于第二等级，地方性法规位于第四等级，法律的位阶高于地方性法规的位阶。（2 分）现行《立法法》也规定，法律的效力高于地方性法规。（2 分）因此，对于二者的冲突，应当适用上位法优于下位法原则。（2 分）由此可见，一审法院的判决正确。

4. 根据现行《立法法》的规定，其处理方式有二：①由全国人大常委会予以撤销（2 分）；②由 H 省人大改变或者撤销（2 分）。

案例四　人大代表选举

材料：2016年9月13日，十二届全国人大常委会第二十三次会议临时召开，在会议上，全国人大常委会委员长张德江要求，严肃查处辽宁省人大代表贿选案。

2016年9月17日，辽宁省第十二届人民代表大会第七次会议筹备组发布公告称，2013年，辽宁省第十二届人民代表大会第一次会议选举全国人大代表过程中，有45名当选的全国人大代表拉票贿选，有523名辽宁省人大代表涉及此案。会议表决通过了全国人大常委会代表资格审查委员会关于辽宁省人大选举产生的部分十二届全国人大代表当选无效的报告，确定45名全国人大代表当选无效，450多名辽宁省人大代表资格被终止。

2016年11月1日，辽宁省第十二届人民代表大会第七次会议召开。此次大会举行了两次全体会议：第一次全体会议表决通过了辽宁省第十二届人民代表大会第七次会议选举省第十二届人大常委会委员和通过省第十二届人大各专门委员会组成人员人选办法；第二次全体会议选举产生了31名省十二届人大常委会委员，通过了84名省人大各专门委员会组成人员，完成了补选辽宁省人大常委会委员和补充省人大专门委员会组成人员的任务。至此，无法履行职责的辽宁省人大常委会才恢复正常。

2017年3月，沈阳、鞍山、抚顺15个基层法院分别对辽宁41名涉拉票贿选人员作出一审宣判。经审理查明，高宝玉等41名被告人在辽宁省第十二届人民代表大会第一次会议召开前和会议期间，为当选全国人大代表，以贿赂的方式给出席会议的多名省人大代表送钱送物。审理法院认为，高宝玉等41名被告人在选举全国人大代表时，以贿赂的手段妨害代表自由行使选举权，情节严重，构成破坏选举罪。

问题：（共 20 分）

1. 十二届全国人大常委会第二十三次会议临时召开的法律依据是什么？全国人民代表大会可否临时召开会议？其法定条件是如何规定的？（5 分）

2. 本案中，辽宁省全国人大代表当选无效的决定由谁作出？如何审查辽宁省全国人大代表的资格？（5 分）

3. 被罢免的代表是否应当被终止代表资格？辽宁省全国人大代表的罢免案可以由哪些主体提出？罢免案以何种法定条件通过？（5 分）

4. 本案中，辽宁省人大专门委员会组成人员应当如何补选？为什么？（3 分）

5. 本案中，在何种法定条件下，方可逮捕、审判辽宁省全国人大代表？为什么？（2 分）

答题区

解题思路

1. 根据《全国人民代表大会常务委员会议事规则》第3条第1款的规定，全国人民代表大会常务委员会会议一般每2个月举行1次；有特殊需要的时候，可以临时召集会议。

全国人民代表大会可以临时召集会议。根据我国现行《宪法》第61条第1款的规定，全国人民代表大会会议每年举行1次，由全国人民代表大会常务委员会召集。如果全国人民代表大会常务委员会认为必要，或者有1/5以上的全国人民代表大会代表提议，可以临时召集全国人民代表大会会议。

2. 县级以上的各级人民代表大会常务委员会或者乡、民族乡、镇的人民代表大会主席团根据代表资格审查委员会提出的报告，确认代表的资格或者确定代表的当选无效。

人大代表的资格审查由代表资格审查委员会进行。代表资格审查委员会依法对当选代表是否符合宪法、法律规定的代表的基本条件，选举是否符合法律规定的程序，以及是否存在破坏选举和其他当选无效的违法行为进行审查，提出代表当选是否有效的意见，向本级人民代表大会常务委员会或者乡、民族乡、镇的人民代表大会主席团报告。

3. 被罢免的代表应当被终止代表资格。根据我国《全国人民代表大会和地方各级人民代表大会代表法》第 49 条的规定，代表有下列情形之一的，其代表资格终止：①地方各级人民代表大会代表迁出或者调离本行政区域的；②辞职被接受的；③未经批准 2 次不出席本级人民代表大会会议的；④被罢免的；⑤丧失中华人民共和国国籍的；⑥依照法律被剥夺政治权利的；⑦丧失行为能力的。

辽宁省全国人大代表的罢免案可以由辽宁省人大主席团或者 1/10 以上代表联名提出；在辽宁省人大闭会期间，由辽宁省人大常委会主任会议或者常委会 1/5 以上组成人员联名提出。根据我国《全国人民代表大会和地方各级人民代表大会选举法》第 50 条第 1 款的规定，县级以上的地方各级人民代表大会举行会议的时候，主席团或者 1/10 以上代表联名，可以提出对由该级人民代表大会选出的上一级人民代表大会代表的罢免案。在人民代表大会闭会期间，县级以上的地方各级人民代表大会常务委员会主任会议或者常务委员会 1/5 以上组成人员联名，可以向常务委员会提出对由该级人民代表大会选出的上一级人民代表大会代表的罢免案。罢免案应当写明罢免理由。

罢免案须经辽宁省人大过半数的代表通过；在人大闭会期间，须经辽宁省人大常委会组成人员的过半数通过。根据我国《全国人民代表大会和地方各级人民代表大会选举法》第 52 条第 2 款的规定，罢免由县级以上的地方各级人民代表大会选出的代表，须经各该级人民代表大会过半数的代表通过；在代表大会闭会期间，须经常务委员会组成人员的过半数通过。

4. 辽宁省人大专门委员会组成人员应当由辽宁省人大补选。根据《地方各级人民代表大会和地方各级人民政府组织法》第 30 条第 2 款的规定，各专门委员会的主任委员、副主任委员和委员的人选，由主席团在代表中提名，大会通过。在大会闭会期间，常务委员会可以任免专门委员会的个别副主任委员和部分委员，由主任会议提名，常务委员会会议通过。

5. 其法定条件是，须经全国人大主席团许可，或者在全国人大闭会期间经全国人大常委会许可。根据我国《全国人民代表大会和地方各级人民代表大会代表法》第32条第1款的规定，县级以上的各级人民代表大会代表，非经本级人民代表大会主席团许可，在本级人民代表大会闭会期间，非经本级人民代表大会常务委员会许可，不受逮捕或者刑事审判。如果因为是现行犯被拘留，执行拘留的机关应当立即向该级人民代表大会主席团或者人民代表大会常务委员会报告。

答题要点

1. 其法律依据是《全国人民代表大会常务委员会议事规则》的规定（1分），全国人大常委会“有特殊需要的时候，可以临时召集会议”（1分）。全国人民代表大会可以临时召集会议（1分），其法定条件是全国人民代表大会常务委员会认为必要（1分），或者有1/5以上的全国人民代表大会代表提议(1分)。

2. 本案中，由全国人大常委会确定辽宁省全国人大代表的当选无效。(1分）人大代表的资格审查由代表资格审查委员会进行。(1分）代表资格审查委员会依法对当选代表是否符合宪法、法律规定的代表的基本条件（1分），选举是否符合法律规定的程序（1分），以及是否存在破坏选举和其他当选无效的违法行为进行审查（1分）。

3. 被罢免的代表应当被终止代表资格。(1分）辽宁省全国人大代表的罢免案可以由辽宁省人大主席团或者1/10以上代表联名提出（1分）；在辽宁省人大闭会期间，由辽宁省人大常委会主任会议或者常委会1/5以上组成人员联名提出（1分）。罢免案须经辽宁省人大过半数的代表通过（1分）；在人大闭会期间，须经辽宁省人大常委会组成人员的过半数通过（1分）。

4. 本案中，辽宁省人大专门委员会组成人员应当由辽宁省人大补选（1分），因为人大常务委员会只能任免专门委员会的个别副主任委员和部分委员（2分）。

5. 本案中，逮捕、审判辽宁省全国人大代表的法定条件是经全国人大常委会许可。(1分）因为逮捕、审判县级以上的各级人大代表，须经本级人大主席团许可，在人大闭会期间须经本级人大常委会许可。(1分)

案例五　香港议员宣誓事件

材料：2016年10月，香港特区新一届立法会选举后宣誓过程中，反对派议员梁国雄、刘小丽、罗冠聪及姚松炎等人"加料"玩慢读、变调不庄重、"加料"变誓言和撕扯道具等方式亵渎立法会宣誓，侮辱国家、民族。

2016年11月7日上午，十二届全国人大常委会第二十四次会议经表决，全票通过了全国人大常委会《关于〈中华人民共和国香港特别行政区基本法〉第一百零四条的解释》。

2017年7月14日，香港特别行政区高等法院发布书面判决，裁定罗冠聪、梁国雄、刘小丽及姚松炎四名议员的宣誓没有法律效力，议员资格被取消。高等法院于当日下午开庭聆讯，原讼法庭法官区庆祥就香港特区行政长官和特区政府律政司提出的对上述四人的司法复核案做出判决。根据法院发布的判词，法庭分别裁定罗冠聪、梁国雄、刘小丽及姚松炎在宣誓时作出的誓言是不合法和无效的，并自2016年10月12日起丧失出任或就任立法会议员的资格。

问题：（共20分）

1. 根据现行法律规定，香港特区的哪些公职人员应当进行就职宣誓？其宣誓内容是如何规定的？（4分）

2. 反对派议员梁国雄等人的宣誓是否违法？为什么？判定梁国雄等人丧失议员资格的理由是什么？（8分）

3. 全国人大常委会这一解释的宪法依据是什么？这一宪法依据在《香港特别行政区基本法》中得到何种体现？（4分）

4. 全国人大常委会的此次解释，属于法律规定的哪一种应当予以解释的情况？该解释的效力如何？（4分）

答题区

解题思路

1. 根据《香港特别行政区基本法》第104条的规定，香港特区行政长官、主要官员、行政会议成员、立法会议员、各级法院法官和其他司法人员在就职时必须依法宣誓拥护中华人民共和国香港特别行政区基本法，效忠中华人民共和国香港特别行政区。

【注意】《澳门特别行政区基本法》第101条规定，澳门特区行政长官、主要官员、行政会委员、立法会议员、法官和检察官，必须拥护中华人民共和国澳门特别行政区基本法，尽忠职守，廉洁奉公，效忠中华人民共和国澳门特别行政区，并依法宣誓。《澳门特别行政区基本法》第102条规定，澳门特别行政区行政长官、主要官员、立法会主席、终审法院院长、检察长在就职时，除按本法第101条的规定宣誓外，还必须宣誓效忠中华人民共和国。

2. 反对派议员梁国雄等人的宣誓违法。根据《香港特别行政区基本法》第104条的规定，相关公职人员"就职时必须依法宣誓"，宣誓必须符合法定的形式和内容要求。宣誓人必须真诚、庄重地进行宣誓，必须准确、完整、庄重地宣读包括"拥护中华人民共和国香港特别行政区基本法，效忠中华人民共和国香港特别行政区"内容的法定誓言。

判定梁国雄等人丧失议员资格的理由如下：根据《香港特别行政区基本法》第104条的规定，宣誓人拒绝宣誓，即丧失就任该条所列相应公职的资格。宣誓人故意宣读与法定誓言不一致的誓言或者以任何不真诚、不庄重的方式宣誓，也属于拒绝宣誓，所作宣誓无效，宣誓人即丧失就任该条所列相应公职的资格。对不符合本解释和香港特别行政区法律规定的宣誓，应确定为无效宣誓，并不得重新安排宣誓。

3. 根据现行《宪法》第67条第4项的规定，全国人大常委会行使解释法律的职权，这里的法律包括《香港特别行政区基本法》在内。《宪法》的这一规定也体现在《香港特别行政区基本法》中，根据《香港特别行政区基本法》第158条第1款的规定，《香港特别行政区基本法》的解释权属于全国人大常委会。

4. 此次解释，属于《立法法》规定的"需要进一步明确具体含义的"情况。根据《立法法》第45条第2款的规定，法律有以下情况之一的，由全国人民代表大会常务委员会解释：①法律的规定需要进一步明确具体含义的；②法律制定后出现新的情况，需要明确适用法律依据的。

该解释与法律具有同等效力。因为根据《立法法》第50条的规定，全国人民代表大会常务委员会的法律解释同法律具有同等效力。

答题要点

1. 香港特区行政长官、主要官员、行政会议成员、立法会议员、各级法院法官和其他司法人员在就职时必须依法宣誓（2分），其宣誓内容包括拥护中华人民共和国香港特别行政区基本法，效忠中华人民共和国香港特别行政区（2分）。

2. 反对派议员梁国雄等人的宣誓违法。（2分）因为宣誓必须符合法定的形式和内容要求，宣誓人必须真诚、庄重地进行宣誓，必须准确、完整、庄重地宣读法定誓言。（2分）判定梁国雄等人丧失议员资格的理由是，宣誓人故意宣读与法定誓言不一致的誓言或者以任何不真诚、不庄重的方式宣誓，属于拒绝宣誓（2分），所作宣誓无效（2分），宣誓人即丧失就任该条所列相应公职的资格。

3. 其宪法依据是，宪法明确规定全国人大常委会行使解释法律的职权，这里的法律包括《香港特别行政区基本法》在内。（2分）这一规定在《香港特别行政区基本法》中的体现是：《香港特别行政区基本法》规定，《香港特别行政区基本法》的解释权属于全国人大常委会。（2分）

4. 全国人大常委会的此次解释属于《立法法》规定的“需要进一步明确具体含义的”情况。（2分）该解释与法律具有同等效力。（2分）

专题3　论述题模拟演练

案例一　法治与德治

材料一： 西周时期，周公就提出“敬德保民”“明德慎罚”。先秦时期，孔子提出“为政以德”，强调“道之以政，齐之以刑，民免而无耻；道之以德，齐之以礼，有耻且格”；荀子则主张“化性起伪”“隆礼重法”。汉代治国“大德而小刑”“德主刑辅”。唐代则提出“制礼以崇敬，立刑以明威”，宋元明清时期基本延续了德法合治的传统。历史经验事实证明，凡是既注重法治又注重德治的国家，治理效果都比较好；单纯靠法治或德治，都难以把国家治理好。

材料二： 法律是成文的道德，道德是内心的法律。法律和道德都具有规范社会行为、调节社会关系、维护社会秩序的作用，在国家治理中都有其地位和功能。法安天下，德润人心。法律有效实施有赖于道德支持，道德践行也离不开法律约束。法治和德治不可分离、不可偏废，国家治理需要法律和道德协同发力。

改革开放以来，我们深刻总结我国社会主义法治建设的成功经验和深刻教训，把依法治国确定为党领导人民治理国家的基本方略，把依法执政确定为党治国理政的基本方式，走出了一条中国特色社会主义法治道路。这条道路的一个鲜明特点，就是坚持依法治国和以德治国相结合，强调法治和德治两手抓、两手都要硬。

（摘自中央政治局第三十七次学习会议上的讲话
《我国历史上的法治和德治》）

问题：（共30分）

根据以上材料，围绕法治与德治的关系，结合传统中国治国理政的历史经验，谈谈你对全面依法治国基本原则的认识。

答题要求：

1. 无观点或论述、照搬材料原文的不得分；
2. 观点正确，表述完整、准确；
3. 总字数不得少于400字。

答题区

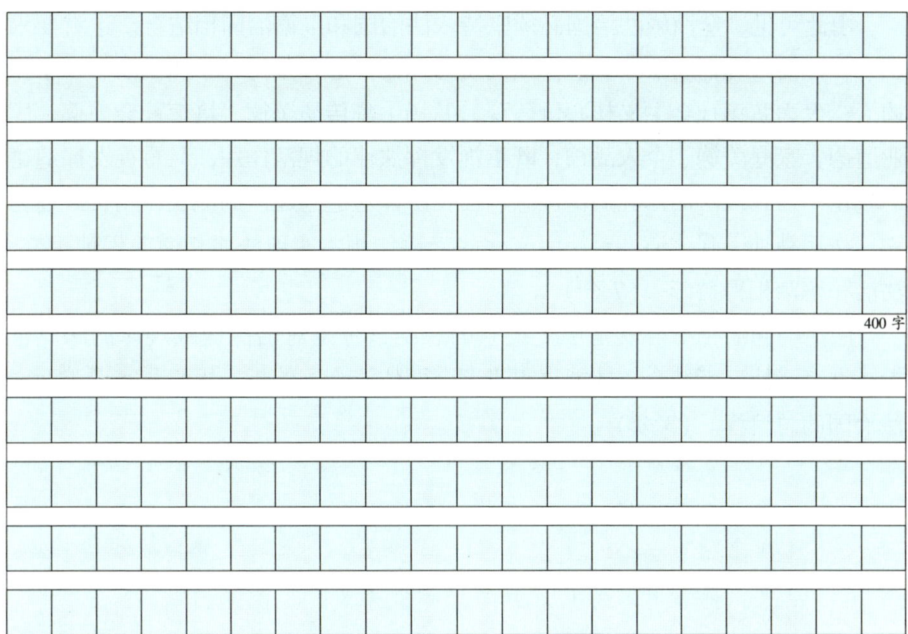

答题要点

法治与德治相结合，既是我国传统法律文化的经验总结，也是当前依法治国、依法执政的基本特色和对治国理政规律的深刻把握。（3 分）

法治与德治二者相辅相成、相得益彰。法律是成文的道德，道德是内心的法律。法律有效实施有赖于道德支持，道德践行也离不开法律约束。国家治理需要二者协同发力而不可偏废。（5 分）这一点，得到了传统中国历史事实的验证，西周的“明德慎罚”，先秦时期的“为政以德”“隆礼重法”，汉代的“德主刑辅”，直到唐宋元明清时期的德法合治的传统，都说明了治国理政中法治与德治并用的重要性和有效性。（3 分）

在新的历史条件下，我们更要坚持法治与德治相结合。（2 分）当前，中国特色社会主义已经进入新时代，全面建成小康社会进入决定性阶段，改革进入攻坚期和深水区，我们党面对的任务之重前所未有，矛盾风险挑战之多前所未有，要把依法治国基本方略、依法执政基本方式落实好，必须坚持依法治国和以德治国相结合，使法治和德治在国家治理中相互补充、相互促进、相得益彰，推进国家治理体系和治理能力现代化。（7 分）

由此可见，全面依法治国必须坚持依法治国和以德治国相结合。这就要求国家和社会治理需要法律和道德共同发挥作用。必须坚持一手抓法治、一手抓德治，大力弘扬社会主义核心价值观，弘扬中华传统美德，培育社会公德、职业道德、家庭美德、个人品德，既重视发挥法律的规范作用，又重视发挥道德的教化作用，以法治体现道德理念、强化法律对道德建设的促进作用，以道德滋养法治精神、强化道德对法治文化的支撑作用，实现法律和道德相辅相成、法治和德治相得益彰。（7 分）

法治与德治相结合既是历史经验的总结，也是对治国理政规律的深刻把握，唯有坚持二者结合，才能真正贯彻全面依法治国的指导思想和实现全面依法治国的总目标。（3 分）

案例二　“共建共治共享”的社会治理格局

材料一： 习近平同志指出，国家治理体系和治理能力是一个国家的制度和制度执行能力的集中体现；法律是治国之重器，法治是国家治理体系和治理能力的重要依托。运用法律调节社会关系、维护社会秩序、规范人的行为，是依法治理的基本内容，也是古今中外历史反复证明了的有效方法。深入推进多层次多领域依法治理，在法治轨道上维护社会正常秩序、解决各种社会问题、协调各种社会利益关系、推动各项社会事业发展，对于推进国家治理体系和治理能力现代化，具有重要意义。

材料二： 习近平同志指出，必须认识到，我国社会主要矛盾的变化是关系全局的历史性变化，对党和国家工作提出了许多新要求。我们要在继续推动发展的基础上，着力解决好发展不平衡不充分问题，大力提升发展质量和效益，更好满足人民在经济、政治、文化、社会、生态等方面日益增长的需要，更好推动人的全面发展、社会全面进步。

（摘自《习近平在中国共产党第十九次全国代表大会上的报告》）

问题：（共 30 分）

根据以上材料，结合新时代我国社会主要矛盾的转化，围绕着“共建共治共享”的社会治理格局，谈谈你对运用法治提升社会治理水平的认识。

答题要求：

1. 无观点或论述、照搬材料原文的不得分；
2. 观点正确，表述完整、准确；
3. 总字数不得少于 400 字。

答题区

400字

答题要点

在新时代我国社会主要矛盾的转化的背景下，要推进“共建共治共享”的社会治理格局，有效提升社会治理水平，必须借助法治力量、运用法治方式。(3分)

党的十九大报告明确指出：中国特色社会主义进入新时代，我国社会主要矛盾已经转化为人民日益增长的美好生活需要和不平衡、不充分的发展之间的矛盾。具体而言，人民美好生活需要日益广泛，不仅对物质文化生活提出了更高要求，而且在民主、法治、公平、正义、安全、环境等方面的要求也日益增长。(7分)

与之相适应，党的十九大报告提出了社会治理方式创新的思路：打造共建共治共享的社会治理格局。加强社会治理制度建设，完善党委领导、政府负责、社会协同、公众参与、法治保障的社会治理体制，提高社会治理社会化、法治化、智能化、专业化水平。这一思路的提出，更好地回应了广大人民群众的新需求，为解决新时代的主要矛盾提供了新的方向。(7分)

遵循这一思路，要提升社会治理水平，就离不开法治。(2分) 首先，理论研究和实践经验表明，社会治理具有主体多元化特征，国家权力、地方力量、社会组织、广大民众等在其中相互交叉、彼此影响。对这种复杂的互动关系进行调整，离不开法治手段。(3分) 其次，法治具有系统性、规范性、稳定性，在法治轨道上深入推进多层次多领域依法治理，维护社会正常秩序、解决社会问题、协调社会利益、推动社会事业发展，顺应了时代的要求。(3分)

最后，法律是治国之重器，法治是国家治理体系和治理能力的重要依托，当前我国社会主要矛盾的变化是关系全局的历史性变化，在治理力度和强度上，法治相比于其他手段则具有明显的优势，因此，推进社会治理创新必须借助法治力量、运用法治方式。(3 分)

综上所述，唯有运用法治提升社会治理水平，才能切实推进“共建共治共享”的社会治理格局创新，最终实现国家治理体系和治理能力现代化的全面深化改革总目标。(2 分)

案例三 党的领导和社会主义法治的关系

材料一：党的十九届三中全会提出《中国共产党中央委员会关于修改宪法部分内容的建议》，建议在宪法第 1 条第 2 款“社会主义制度是中华人民共和国的根本制度”后增写一句，内容为：“中国共产党领导是中国特色社会主义最本质的特征。”第十三届全国人民代表大会第一次会议审议通过宪法修正案，对相关内容作出重要修改。

材料二：各级领导干部在推进依法治国方面肩负着重要责任。现在，一些党员、干部仍然存在人治思想和长官意识，认为依法办事条条框框多、束缚手脚，凡事都要自己说了算，根本不知道有法律存在，大搞以言代法、以权压法。这种现象不改变，依法治国就难以真正落实。必须抓住领导干部这个“关键少数”，首先解决好思想观念问题，引导各级干部深刻认识到，维护宪法法律权威就是维护党和人民共同意志的权威，捍卫宪法法律尊严就是捍卫党和人民共同意志的尊严，保证宪法法律实施就是保证党和人民共同意志的实现。

（摘自习近平《加快建设社会主义法治国家》）

问题：（共 30 分）

根据以上材料，结合 2018 年宪法修改的有关内容，围绕党的领导和社会主义法治的关系，谈谈你对加强和改进党对全面依法治国的领导的认识。

答题要求：

1. 无观点或论述、照搬材料原文的不得分；
2. 观点正确，表述完整、准确；
3. 总字数不得少于 400 字。

答题区

400字

答题要点

全面依法治国必须加强和改进党的领导，这既是对宪法基本规定的遵循，也是对“党的领导和社会主义法治是一致的”这一基本认识的贯彻落实。(3分)

党的领导是中国特色社会主义最本质的特征，这是现行宪法的规定，这也是对历史经验和中国特色社会主义建设伟大成就的总结。(3分)坚持党的领导是社会主义法治最根本的保证。把党的领导贯彻到依法治国全过程和各方面，是我国社会主义法治建设的一条基本经验。我国宪法确立了中国共产党的领导地位。坚持党的领导，是社会主义法治的根本要求，是党和国家的根本所在、命脉所在，是全国各族人民的利益所系、幸福所系，是全面依法治国的题中应有之义。(5分)

我国宪法确立了党的领导地位，党的领导和社会主义法治是一致的。(2分)社会主义法治必须坚持党的领导，党的领导必须依靠社会主义法治。只有在党的领导下依法治国、厉行法治，人民当家作主才能充分实现，国家和社会生活法治化才能有序推进。(4分)

党的领导和社会主义法治的关系，要求党依法执政，而依法执政首先要求各级党组织和领导干部提升认识、规范言行。(3分)各级党组织和领导干部要深刻认识到，维护宪法法律权威就是维护党和人民共同意志的权威，捍卫宪法法律尊严就是捍卫党和人民共同意志的尊严，保证宪法法律实施就是保证党和人民共同意志的实现。各级领导干部要对法律怀有敬畏之心，牢记法律红线不可逾越、法律底线不可触碰，带头遵守法律，带头依法办事，不得违法行使权力，更不能以言代法、以权压法、徇私枉法。(7 分)

综上所述，各级党组织和领导干部必须遵守宪法规定，落实党的领导和社会主义法治的关系要求，以加强和改进党对全面依法治国的领导，从而把党的领导贯彻到依法治国的全过程和各方面。(3 分)

案例四 司法活动的监督与司法廉洁

材料一： 制度的生命力在执行，有了制度没有严格执行就会形成"破窗效应"。比如，世界上许多国家都对律师同法官、检察官接触交往作出严格规定，严禁律师和法官私下会见，不能共同出入酒店、娱乐场所甚至同乘一部电梯。但是，我们的一些律师和法官、检察官相互勾结，充当"司法掮客"，老百姓说是"大盖帽，两头翘，吃了被告吃原告"，造成了十分恶劣的影响。这方面已经有的制度要严格执行，不完善的制度要抓紧完善，筑起最严密的篱笆墙。在执法办案各个环节都要设置隔离墙、通上高压线，谁违反制度就要给谁最严厉的处罚，终身禁止从事法律职业，构成犯罪的要依法追究刑事责任。

（摘自习近平《严格执法，公正司法》）

材料二： 依法规范司法人员与当事人、律师、特殊关系人、中介组织的接触、交往行为。严禁司法人员私下接触当事人及律师、泄露或者为其打探案情、接受吃请或者收受其财物、为律师介绍代理和辩护业务等违法违纪行为，坚决惩治司法掮客行为，防止利益输送。

（摘自《中共中央关于全面推进依法治国若干重大问题的决定》）

问题：（共30分）

根据以上材料，从司法人员廉洁性的角度，围绕着加强对司法活动的监督，谈谈你对保证公正司法、提高司法公信力的认识。

答题区

答题要点

落实司法人员行为规范是确保司法人员廉洁性的关键所在，也是加强对司法活动监督的重要内容，它直接关系到保证公正司法、提高司法公信力能否真正实现。（3 分）

落实司法人员行为规范是司法人员廉洁性的重要保证。恪守司法廉洁，是司法公正与司法公信的基石和防线。只有筑牢司法人员拒腐防变思想道德防线，才能促进司法人员反腐倡廉建设，才能确保公正、廉洁和高效司法，才能维护法律的权威性和统一性，才能保障维护社会公平正义的司法权威，才能使司法人员真正成为法治国家建设的主力军。（7 分）

确保司法人员的行为廉洁，是加强对司法活动的监督的重要内容。（2 分）因此，《中共中央关于全面推进依法治国若干重大问题的决定》强调，要依法规范司法人员与当事人、律师、特殊关系人、中介组织的接触、交往行为，坚决惩治司法掮客行为，防止利益输送。对因违法违纪被开除公职的司法人员、吊销执业证书的律师和公证员，终身禁止从事法律职业，构成犯罪的要依法追究刑事责任。要坚决破除各种潜规则，绝不允许法外开恩，绝不允许办关系案、人情案、金钱案。坚决反对和克服特权思想、衙门作风、霸道作风，坚决反对和惩治粗暴执法、野蛮执法行为。对司法领域的腐败零容忍，坚决清除害群之马。（8 分）

只有加强了对司法活动的监督，才能保证司法公正。（1 分）公正是法治的生命线。司法公正对社会公正具有重要引领作用，司法不公对社会公正具有致命破坏作用。必须完善司法管理体制和司法权力运行机制，规范司法行为，加强对司法活动的监督。党的十九大报告特别强调，深化司法体制综合配套改革，全面落实司法责任制，努力让人民群众在每一个司法案件中感受到公平正义。（6 分）

由此可见，确保司法人员廉洁性，必须规范司法人员行为，强化对司法活动的监督，唯有如此，才能真正提高司法公信力，保证公正司法，贯彻全面依法治国指导思想，最终实现全面依法治国的总目标。（3 分）

案例五　法律职业道德的基本原则

材料一：全面推进依法治国，建设一支德才兼备的高素质法治队伍至关重要。立法、执法、司法这三支队伍既有共性又有个性，都十分重要。立法是为国家定规矩、为社会定方圆的神圣工作，立法人员必须具有很高的思想政治素质，具备遵循规律、发扬民主、加强协调、凝聚共识的能力。执法是把纸面上的法律变为现实生活中活的法律的关键环节，执法人员必须忠于法律、捍卫法律，严格执法、敢于担当。司法是社会公平正义的最后一道防线，司法人员必须信仰法律、坚守法治，端稳天平、握牢法槌，铁面无私、秉公司法。律师队伍是依法治国的一支重要力量，要大力加强律师队伍思想政治建设，把拥护中国共产党领导、拥护社会主义法治作为律师从业的基本要求。

（摘自习近平《加快建设社会主义法治国家》）

材料二：全面推进依法治国，必须大力提高法治工作队伍思想政治素质、业务工作能力、职业道德水准，着力建设一支忠于党、忠于国家、忠于人民、忠于法律的社会主义法治工作队伍，为加快建设社会主义法治国家提供强有力的组织和人才保障。

（摘自《中共中央关于全面推进依法治国若干重大问题的决定》）

问题：（共24分）

根据以上材料，围绕着思想政治建设这一核心，从法律职业道德的基本原则出发，谈谈你对加强法治工作队伍建设的认识。

答题区

答题要点

加强思想政治建设既是法律职业道德的基本原则之一，也是加强法治工作队伍建设的关键所在。(2分)

法律职业道德的基本原则之一就是忠于党、忠于国家、忠于人民、忠于法律。法律是人民意志的体现，法律职业人员应当忠于党、忠于国家、忠于人民、忠于法律、忠于法律职业，模范遵守法律，严格执行法律，自觉维护宪法和法律的权威和尊严。法律职业人员的权力和权利来自于人民，必须对人民负责。法律职业人员应当把忠于党、忠于国家、忠于人民、忠于法律作为必须遵循的首要原则。(6分)

加强法治工作队伍的思想政治建设，包括以下数端：

1. 加强高素质法治专门队伍的思想政治建设。必须把思想政治建设摆在首位，加强理想信念教育，深入开展社会主义核心价值观和社会主义法治理念教育，坚持党的事业、人民利益、宪法法律至上，加强立法队伍、行政执法队伍、司法队伍建设。抓住立法、执法、司法机关各级领导班子建设这个关键，突出政治标准，把善于运用法治思维和法治方式推动工作的人选拔到领导岗位上来。(8分)

2. 加强律师队伍思想政治建设。必须把拥护中国共产党领导、拥护社会主义法治作为律师从业的基本要求，增强广大律师走中国特色社会主义法治道路的自觉性和坚定性。提高律师队伍业务素质，完善执业保障机制。加强律师事务所管理，发挥律师协会自律作用，规范律师执业行为，监督律师严格遵守职业道德和职业操守，强化准入、退出管理，严格执行违法违规执业惩戒制度。加强律师行业党的建设，扩大党的工作覆盖面，切实发挥律师事务所党组织的政治核心作用。(8分)

案例六　树立法治意识、健全普法机制

材料一： 全面推进依法治国，必须坚持全民守法。全民守法，就是任何组织或者个人都必须在宪法和法律范围内活动，任何公民、社会组织和国家机关都要以宪法和法律为行为准则，依照宪法和法律行使权利或权力、履行义务或职责。要深入开展法制宣传教育，在全社会弘扬社会主义法治精神，传播法律知识，培养法律意识，在全社会形成宪法至上、守法光荣的良好氛围。要坚持法制教育与法治实践相结合，广泛开展依法治理活动，提高社会管理法治化水平。

（摘自《在十八届中央政治局第四次集体学习时的讲话》）

材料二： 法律的权威源自人民的内心拥护和真诚信仰。人民权益要靠法律保障，法律权威要靠人民维护。必须弘扬社会主义法治精神，建设社会主义法治文化，增强全社会厉行法治的积极性和主动性，形成守法光荣、违法可耻的社会氛围，使全体人民都成为社会主义法治的忠实崇尚者、自觉遵守者、坚定捍卫者。

（摘自《中共中央关于全面推进依法治国若干重大问题的决定》）

问题：（共 25 分）

根据以上材料，结合坚持人民主体地位的基本原则，从推动全社会树立法治意识、健全普法宣传教育机制的角度，谈谈你对推进法治社会建设的认识。

答题区

答题要点

推进法治社会建设的关键，就在于坚持人民主体地位的原则，推动全社会树立法治意识、健全普法宣传教育机制。(3 分)

1. 法治社会建设必须坚持人民主体地位。(1 分) 人民是依法治国的主体和力量源泉，人民代表大会制度是保证人民当家作主的根本政治制度。必须坚持法治建设为了人民、依靠人民、造福人民、保护人民，以保障人民根本利益为出发点和落脚点，保证人民依法享有广泛的权利和自由、承担应尽的义务，维护社会公平正义，促进共同富裕。必须保证人民在党的领导下，依照法律规定，通过各种途径和形式管理国家事务，管理经济文化事业，管理社会事务。必须使人民认识到法律既是保障自身权利的有力武器，也是必须遵守的行为规范，增强全社会学法尊法守法用法意识，使法律为人民所掌握、所遵守、所运用。(7 分)

2. 推动全社会树立法治意识，要坚持把全民普法和守法作为依法治国的长期基础性工作，深入开展法治宣传教育，引导全民自觉守法、遇事找法、解决问题靠法。坚持把领导干部带头学法、模范守法作为树立法治意识的关键，完善国家工作人员学法用法制度，把宪法法律列入党委（党组）中心组学习内容，列为党校、行政学院、干部学院、社会主义学院必修课。把法治教育纳入国民教育体系，从青少年抓起，在中小学设立法治知识课程。(6 分)

3. 健全普法宣传教育机制，要做到各级党委和政府加强对普法工作的领导，宣传、文化、教育部门和人民团体要在普法教育中发挥职能作用。实行国家机关“谁执法，谁普法”的普法责任制，建立法官、检察官、行政执法人员、律师等以案释法制度，加强普法讲师团、普法志愿者队伍建设。把法治教育纳入精神文明创建内容，开展群众性法治文化活动，健全媒体公益普法制度，加强新媒体、新技术在普法中的运用，提高普法实效。(6 分)

推进法治社会建设必须坚持人民主体地位的基本原则，唯此，才能有力推动全社会树立法治意识，才能将普法宣传教育机制的效用真正发挥出来，进而实现中国特色社会主义法治建设的总目标。(2 分)

案例七 加强对司法活动的监督

材料一：制度的生命力在执行，有了制度没有严格执行就会形成“破窗效应”。比如，世界上许多国家都对律师同法官、检察官接触交往作出严格规定，严禁律师和法官私下会见，不能共同出入酒店、娱乐场所甚至同乘一部电梯。但是，我们的一些律师和法官、检察官相互勾结，充当“司法掮客”，老百姓说是“大盖帽，两头翘，吃了被告吃原告”，造成了十分恶劣的影响。这方面已经有的制度要严格执行，不完善的制度要抓紧完善，筑起最严密的篱笆墙。在执法办案各个环节都要设置隔离墙、通上高压线，谁违反制度就要给谁最严厉的处罚，终身禁止从事法律职业，构成犯罪的要依法追究刑事责任。

（摘自习近平《严格执法，公正司法》）

材料二：当前，司法领域存在的主要问题是，司法不公、司法公信力不高问题十分突出，一些司法人员作风不正、办案不廉，办金钱案、关系案、人情案，“吃了原告吃被告”，等等。司法不公的深层次原因在于司法体制不完善、司法职权配置和权力运行机制不科学、人权司法保障制度不健全。党的十八届三中全会针对司法领域存在的突出问题提出了一系列改革举措，司法体制和运行机制改革正在有序推进。在此基础上，十八届四中全会决定还就加强人权司法保障和加强对司法活动的监督提出了重要改革措施。

（摘自习近平《关于〈中共中央关于全面推进依法治国若干重大问题的决定〉的说明》）

材料三：严禁司法人员与当事人、律师、特殊关系人、中介组织有下列接触交往行为：

1. 泄露司法机关办案工作秘密或者其他依法依规不得泄露的情况。

2. 为当事人推荐、介绍诉讼代理人、辩护人或者为律师、中介组织介绍案件，要求、建议或者暗示当事人更换符合代理条件的律师。

3. 接受当事人、律师、特殊关系人、中介组织请客送礼或者其他利益。

4. 向当事人、律师、特殊关系人、中介组织借款、租借房屋，借用交通工具、通讯工具或者其他物品。

5. 在委托评估、拍卖等活动中徇私舞弊，与相关中介组织和人员恶意串通、弄虚作假、违规操作等行为。

6. 司法人员与当事人、律师、特殊关系人、中介组织的其他不正当接触交往行为。

（摘自最高人民法院、最高人民检察院、公安部、国家安全部、司法部《关于进一步规范司法人员与当事人、律师、特殊关系人、中介组织接触交往行为的若干规定》）

问题：（共30分）

根据以上材料，围绕着保证公正司法、提高司法公信力，从加强对司法活动的监督的角度谈谈你对贯彻落实全面依法治国重大方略的认识。

答题区

答题要点

加强对司法活动的监督是保证公正司法、提高司法公信力的重要内容，直接关系到全面依法治国重大方略在司法领域的贯彻落实。(3分)

公正是法治的生命线。司法公正对社会公正具有重要引领作用，司法不公对社会公正具有致命破坏作用。必须完善司法管理体制和司法权力运行机制，规范司法行为，加强对司法活动的监督，努力让人民群众在每一个司法案件中感受到公平正义。(7分)

就材料而言，加强对司法活动的监督包括以下数端：

1. 依法规范司法人员与当事人、律师、特殊关系人、中介组织的接触、交往行为。严禁司法人员私下接触当事人及律师、泄露或者为其打探案情、接受吃请或者收受其财物、为律师介绍代理和辩护业务等违法违纪行为，坚决惩治司法掮客行为，防止利益输送。(5分)

【注意】此处需结合上述若干规定中的相关错误现象举例说明。

2. 对因违法违纪被开除公职的司法人员、吊销执业证书的律师和公证员，终身禁止从事法律职业，构成犯罪的要依法追究刑事责任。(5 分)

【注意】此处需结合上述若干规定中的相关错误现象举例说明。

3. 坚决破除各种潜规则，绝不允许法外开恩，绝不允许办关系案、人情案、金钱案。坚决反对和克服特权思想、衙门作风、霸道作风，坚决反对和惩治粗暴执法、野蛮执法行为。对司法领域的腐败零容忍，坚决清除害群之马。(5 分)

【注意】此处需结合上述若干规定中的相关错误现象举例说明。

全面依法治国重大方略必须切实加强对司法人员的监督，规范司法人员的交往行为，严厉惩治司法掮客行为，防止利益输送，避免司法行为出现“破窗效应”，唯此，才能有效提高司法公信力，保证公正司法。(5 分)

案例八 政府依法全面履行职能

材料一： 依法治国是我国宪法确定的治理国家的基本方略，而能不能做到依法治国，关键在于党能不能坚持依法执政，各级政府能不能依法行政。我们要增强依法执政意识，坚持以法治的理念、法治的体制、法治的程序开展工作，改进党的领导方式和执政方式，推进依法执政制度化、规范化、程序化。执法是行政机关履行政府职能、管理经济社会事务的主要方式，各级政府必须依法全面履行职能，坚持法定职责必须为、法无授权不可为，健全依法决策机制，完善执法程序，严格执法责任，做到严格规范公正文明执法。

（摘自习近平《加快建设社会主义法治国家》）

材料二： 政府是执法主体，对执法领域存在的有法不依、执法不严、违法不究甚至以权压法、权钱交易、徇私枉法等突出问题，老百姓深恶痛绝，必须下大气力解决。全会决定提出，各级政府必须坚持在党的领导下、在法治轨道上开展工作，加快建设职能科学、权责法定、执法严明、公开公正、廉洁高效、守法诚信的法治政府。

（摘自习近平《关于〈中共中央关于全面推进依法治国若干重大问题的决定〉的说明》）

问题：（共29分）

根据以上材料，从依法全面履行政府职能的角度，谈谈你对建设社会主义法治国家的关键的认识。

答题区

答题要点

建设社会主义法治国家的关键之一，就在于各级政府依法全面履行职能。（2分）

党的十九大要求，建设法治政府，推进依法行政，严格规范公正文明执法。法律的生命力在于实施，法律的权威也在于实施。各级政府必须坚持在党的领导下，在法治轨道上开展工作，创新执法体制，完善执法程序，推进综合执法，严格执法责任，建立权责统一、权威高效的依法行政体制，加快建设职能科学、权责法定、执法严明、公开公正、廉洁高效、守法诚信的法治政府。（7分）

依法全面履行政府职能包括以下数端：

1. 完善行政组织和行政程序法律制度，推进机构、职能、权限、程序、责任法定化。行政机关要坚持法定职责必须为、法无授权不可为，勇于负责、敢于担当，坚决纠正不作为、乱作为，坚决克服懒政、怠政，坚决惩处失职、渎职。行政机关不得法外设定权力，没有法律法规依据不得作出减损公民、法人和其他组织合法权益或者增加其义务的决定。推行政府权力清单制度，坚决消除权力设租寻租空间。（6分）

2. 推进各级政府事权规范化、法律化，完善不同层级政府特别是中央和地方政府事权法律制度，强化中央政府宏观管理、制度设定职责和必要的执法权，强化省级政府统筹推进区域内基本公共服务均等化职责，强化市县政府执行职责。（6分）

3. 依法全面履行政府职能关系到法律的生命力和权威，为此，必须坚持在党的领导下、在法治轨道上开展工作，建立依法行政体制，加快建设法治政府，从而全面落实依法治国的重大方略。（6分）

各级政府依法行政是依法治国基本方略能否落实的关键之一，只有在党的领导下依法全面履行各级政府职能，推进依法行政，才能真正实现依法治国的总目标。（2分）

案例九　完善立法体制

材料一：我们在立法领域面临着一些突出问题，比如，立法质量需要进一步提高，有的法律法规全面反映客观规律和人民意愿不够，解决实际问题有效性不足，针对性、可操作性不强；立法效率需要进一步提高。还有就是立法工作中部门化倾向、争权诿责现象较为突出，有的立法实际上成了一种利益博弈，不是久拖不决，就是制定的法律法规不大管用，一些地方利用法规实行地方保护主义，对全国形成统一开放、竞争有序的市场秩序造成障碍，损害国家法治统一。

（摘自习近平《加快建设社会主义法治国家》）

材料二：必须坚持人民主体地位，坚持法治为了人民、依靠人民、造福人民、保护人民。要把体现人民利益、反映人民愿望、维护人民权益、增进人民福祉落实到依法治国全过程，使法律及其实施充分体现人民意志，保证公民的经济、文化、社会等各方面权利得到落实，努力维护最广大人民群众根本利益，保障人民群众对美好生活的向往和追求。

（摘自习近平《加快建设社会主义法治国家》）

问题：（共 30 分）

根据以上材料，围绕着完善中国特色社会主义法律体系，针对现行立法中存在的突出问题，谈谈你对完善立法体制的认识。

答题区

通过完善立法体制以解决当前立法中的突出问题，是完善中国特色社会主义法律体系的重要内容。(2 分)

依法治国是党领导人民治理国家的基本方式。法律是治国之重器，良法是善治之前提。建设中国特色社会主义法治体系，必须坚持立法先行，发挥立法的引领和推动作用，抓住提高立法质量这个关键。要恪守以民为本、立法为民理念，贯彻社会主义核心价值观，使每一项立法都符合宪法精神、反映人民意志、得到人民拥护。要把公正、公平、公开原则贯穿立法全过程，完善立法体制机制，坚持立改废释并举，增强法律法规的及时性、系统性、针对性、有效性。(8 分)

具体而言，其措施包括以下数端：

1. 健全有立法权的人大主导立法工作的体制机制，发挥人大及其常委会在立法工作中的主导作用。(2 分) 建立由全国人大相关专门委员会、全国人大常委会法制工作委员会组织有关部门参与起草综合性、全局性、基础性等重要法律草案制度。(2 分) 增加有法治实践经验的专职常委比例，依法建立健全专门委员会、工作委员会立法专家顾问制度。(2 分) 通过这些举措，提高立法质量、立法效率。(1 分)

2. 加强和改进政府立法制度建设，完善行政法规、规章制定程序，完善公众参与政府立法机制。重要行政管理法律法规由政府法制机构组织起草。(3 分) 通过这些举措，加强立法的针对性、可操作性。(1 分)

3. 明确立法权力边界，从体制机制和工作程序上有效防止部门利益和地方保护主义法律化。(2 分) 对部门间争议较大的重要立法事项，由决策机关引入第三方评估，充分听取各方意见，协调决定，不能久拖不决。(2 分) 加强法律解释工作，及时明确法律规定含义和适用法律依据。明确地方立法权限和范围，依法赋予设区的市地方立法权。(2 分) 通过这些举措，打破立法中的地方保护主义。(1 分)

通过以上措施的落实，解决当前立法领域存在的突出问题，推动法治建设，体现并巩固人民主体地位，贯彻法治为了人民、依靠人民、造福人民、保护人民的宗旨。(2 分)

案例十　加强和改进党对全面依法治国的领导

材料一： 党的领导是全面推进依法治国、加快建设社会主义法治国家最根本的保证。必须加强和改进党对法治工作的领导，把党的领导贯彻到全面推进依法治国全过程。

（摘自《中共中央关于全面推进依法治国若干重大问题的决定》）

材料二： 各级领导干部在推进依法治国方面肩负着重要责任。现在，一些党员、干部仍然存在人治思想和长官意识，认为依法办事条条框框多、束缚手脚，凡事都要自己说了算，根本不知道有法律存在，大搞以言代法、以权压法。这种现象不改变，依法治国就难以真正落实。必须抓住领导干部这个“关键少数”，首先解决好思想观念问题，引导各级干部深刻认识到，维护宪法法律权威就是维护党和人民共同意志的权威，捍卫宪法法律尊严就是捍卫党和人民共同意志的尊严，保证宪法法律实施就是保证党和人民共同意志的实现。

（摘自习近平《加快建设社会主义法治国家》）

问题：（共30分）

根据以上材料，结合“党的领导和社会主义法治是一致的”，谈谈坚持党的领导基本原则对新时代加强和改进党对全面依法治国的领导的意义和作用。

答题区

答题要点

要加强和改进党对全面依法治国的领导，必须在新时代中国特色社会主义法治建设中贯彻落实党的领导的基本原则。(2 分)

1. 党的领导和社会主义法治是一致的。社会主义法治必须坚持党的领导，党的领导必须依靠社会主义法治。(3 分) 只有在党的领导下依法治国、厉行法治，人民当家作主才能充分实现，国家和社会生活法治化才能有序推进。(3 分) 依法执政，既要求党依据宪法法律治国理政，也要求党依据党内法规管党治党。(2 分)

2. 依法执政是依法治国的关键。(2 分) 各级党组织和领导干部要深刻认识到，维护宪法法律权威就是维护党和人民共同意志的权威，捍卫宪法法律尊严就是捍卫党和人民共同意志的尊严，保证宪法法律实施就是保证党和人民共同意志的实现。(4 分) 各级领导干部要对法律怀有敬畏之心，牢记法律红线不可逾越、法律底线不可触碰，带头遵守法律，带头依法办事，不得违法行使权力，更不能以言代法、以权压法、徇私枉法。(4 分)

3. 党的领导是中国特色社会主义最本质的特征，是社会主义法治最根本的保证。(2 分) 把党的领导贯彻到依法治国全过程和各方面，是我国社会主义法治建设的一条基本经验。我国宪法确立了中国共产党的领导地位。(3 分) 坚持党的领导，是社会主义法治的根本要求，是党和国家的根本所在、命脉所在，是全国各族人民的利益所系、幸福所系，是全面依法治国的题中应有之义。(3 分)

领导干部是落实党的领导的“关键少数”，新时代加强和改进党对全面依法治国的领导的首要任务就是提高领导干部的法治思维水平和依法办事能力，这既是保持党的领导与社会主义法治相一致的关键，也是社会主义法治建设成功的关键。(2 分)

案例十一　《中国共产党政法工作条例》与党内法规

材料一： 习近平总书记在党的十九大报告中强调，党政军民学，东南西北中，党是领导一切的。必须增强政治意识、大局意识、核心意识、看齐意识，自觉维护党中央权威和集中统一领导，自觉在思想上政治上行动上同党中央保持一致，完善坚持党的领导的体制机制，坚持稳中求进工作总基调，统筹推进"五位一体"总体布局，协调推进"四个全面"战略布局，提高党把方向、谋大局、定政策、促改革的能力，确保党始终总揽全局、协调各方。

（摘自《中国特色社会主义法治理论》）

材料二：《中国共产党政法工作条例》自 2019 年 1 月 13 日起施行。其中第 7 条和第 8 条规定如下：

第 7 条　党中央对政法工作实施绝对领导，决定政法工作大政方针，决策部署事关政法工作全局和长远发展的重大举措，管理政法工作中央事权和由中央负责的重大事项。

第 8 条　党中央加强对政法工作的全面领导：

（一）坚持以习近平新时代中国特色社会主义思想为指导，为政法工作坚持正确方向提供根本遵循；

（二）确立政法工作的政治立场、政治方向、政治原则、政治道路，严明政治纪律和政治规矩，为政法工作科学发展提供政治保证；

（三）研究部署政法工作中事关国家政治安全、社会大局稳定、社会公平正义和人民安居乐业的重大方针政策、改革措施、专项行动等重大举措；

（四）加强政法系统组织建设和党风廉政建设，领导和推动建设忠诚干净担当的高素质专业化政法队伍，为政法工作提供组织保证。

（摘自《中国共产党政法工作条例》）

问题：（共 30 分）

根据以上材料，针对《中国共产党政法工作条例》第 7 条、第 8 条的内容，结合你对党内法规的认识，谈谈你对全面依法治国的基本原则中坚持党的领导的看法。

答题区

答题要点

坚持中国共产党的领导是全面依法治国的基本原则之一，也是党内法规必须遵循和体现的绝对要求。(3 分)

1. 中国共产党领导是中国特色社会主义最本质的特征，是社会主义法治最根本的保证。把党的领导贯彻到依法治国全过程和各方面，是我国社会主义法治建设的一条基本经验。(3 分)

2. 党内法规的完善必须体现和坚持中国共产党的绝对领导。(2 分) 党内法规是规范党组织的工作、活动和党员行为的党内规章制度的总称，它既是管党治党的重要依据，也是建设社会主义法治国家的有力保障。完善的党内法规体系是中国特色社会主义法治体系的五大组成部分之一，全面依法治国，离不开完善的党内法规。(3 分) 完善党内法规，必须以党章为根本遵循，本着于法周延、于事有效的原则，制定新法规制度，努力形成国家法律法规和党内法规制度相辅相成、相互促进、相互保障的格局。(3 分)

3. 党的全面领导和绝对领导必须落实到具体制度上。(1 分)《中国共产党政法工作条例》就体现了维护党中央权威和集中统一领导（第 7 条），党把方向、谋大局、定政策、促改革的要求（第 8 条）。(3 分)

4.《中国共产党政法工作条例》以党内基本法规的形式，对党领导新时代政法工作进行了全面制度擘画，为党领导政法工作提供基本遵循，具有重大而深远的意义。（1分）它的施行，首先体现了提高党领导政法工作法治化、制度化水平的内在要求，是坚持和发展中国特色社会主义制度、推进国家治理体系和治理能力现代化的题中之义（3分）；其次，这是推进依法治国与依规治党有机统一的重要举措，有利于推动政法工作政治性、人民性和法治性在更高水平上深度融合（3分）；最后，这有利于从制度上保障政法工作始终坚持正确前进方向，更好发挥服务保障党和国家工作大局的重要作用，确保党和国家长治久安，以及“两个一百年”奋斗目标的实现（3分）。

要言之，以党内法规体现全面依法治国的基本原则，坚持党的领导，这是新时代中国特色社会主义法治建设的必然选择。（2分）

案例十二　树立全社会法治意识

材料一：法律是成文的道德，道德是内心的法律。法律和道德都具有规范社会行为、调节社会关系、维护社会秩序的作用，在国家治理中都有其地位和功能。法安天下，德润人心。法律有效实施有赖于道德支持，道德践行也离不开法律约束。法治和德治不可分离、不可偏废，国家治理需要法律和道德协同发力。要依法加强对群众反映强烈的失德行为的整治。对突出的诚信缺失问题，既要抓紧建立覆盖全社会的征信系统，又要完善守法诚信褒奖机制和违法失信惩戒机制，使人不敢失信、不能失信。对见利忘义、制假售假的违法行为，要加大执法力度，让败德违法者受到惩治、付出代价。

（摘自中央政治局第三十七次学习会议上的讲话《我国历史上的法治和德治》）

材料二：坚持依法治国和以德治国相结合。国家和社会治理需要法律和道德共同发挥作用。必须坚持一手抓法治、一手抓德治，大力弘扬社会主义核心价值观，弘扬中华传统美德，培育社会公德、职业道德、家庭美德、个人品德，既重视发挥法律的规范作用，又重视发挥道德的教化作用，以法治体现道德理念、强化法律对道德建设的促进作用，以道德滋养法治精神、强化道德对法治文化的支撑作用，实现法律和道德相辅相成、法治和德治相得益彰。

（摘自《中共中央关于全面推进依法治国若干重大问题的决定》）

材料三：法治和德治不可分离、不可偏废。改革开放以来，我们走出的中国特色社会主义法治道路的一个鲜明特点，就是坚持依法治国和以德治国相结合，强调法治和德治两手抓、两手都要硬。要提高全民法治意识和道德自觉。法律要发挥作用，首先全社会要信仰法律；道德要得到遵守，必须提高全体人民道德素质。要加强法治宣传教育，引导全社会树立法治意识，使人们发自内心信仰和崇敬宪法法律；同时要加强道德建设，弘扬中华民族传统美德，提升全社会思想道德素质。要坚持把全民普法和全民守法作为依法治国的基础性工作，使全体人民成为社会主义法治的忠实崇尚者、自觉遵守者、坚定捍卫者。要深入实施公民道德建设工程，深化群众性精神文明创建活动，引导广大人民群众自觉践行社会主义核心价值观，树立良好道德风尚，争做社会主义道德的示范者、良好风尚的维护者。

（摘自中央政治局第三十七次学习会议上的讲话《我国历史上的法治和德治》）

问题：（共 30 分）

根据以上材料，结合坚持依法治国和以德治国相结合的原则，从推动全社会树立法治意识出发，谈谈你对推进法治社会建设的认识。

答题区

答题要点

坚持依法治国和以德治国相结合是中国特色社会主义法治建设的基本原则，也是树立全社会法治意识的纲领所在。（3分）

1. 国家和社会治理需要法律和道德共同发挥作用，必须坚持一手抓法治、一手抓德治。（2分）正如习总书记所说，要运用法治手段解决道德领域突出问题。（2分）

2. 既重视发挥法律的规范作用，又重视发挥道德的教化作用，实现法律和道德相辅相成、法治和德治相得益彰。（2分）正如习总书记所说，国家治理需要法律和道德协同发力。（2分）

3. 法治与德治相结合，要求社会治理在以下两个方面同时发力：一方面，牢固树立有权力就有责任、有权利就有义务观念。加强社会诚信建设，健全公民和组织守法信用记录，完善守法诚信褒奖机制和违法失信惩戒机制，使尊法守法成为全体人民共同追求和自觉行动。(5分) 另一方面，加强公民道德建设，弘扬中华优秀传统文化，增强法治的道德底蕴，强化规则意识，倡导契约精神，弘扬公序良俗。发挥法治在解决道德领域突出问题中的作用，引导人们自觉履行法定义务、社会责任、家庭责任。(5分)

4. 法律的权威源自人民的内心拥护和真诚信仰。人民权益要靠法律保障，法律权威要靠人民维护。(3分) 只有弘扬社会主义法治精神，建设社会主义法治文化，增强全社会厉行法治的积极性和主动性，才能最终形成守法光荣、违法可耻的社会氛围，使全体人民都成为社会主义法治的忠实崇尚者、自觉遵守者、坚定捍卫者。(4分)

新时代中国特色社会主义法治建设必须坚持法治与德治相结合，唯此，法律权威方能获得人民的自觉服从，法治意识方能在全社会得以树立。(2分)

案例十三 从中国实际出发与创新法治人才培养

材料一： 没有正确的法治理论引领，就不可能有正确的法治实践。高校作为法治人才培养的第一阵地，要充分利用学科齐全、人才密集的优势，加强法治及其相关领域基础性问题的研究，对复杂现实进行深入分析、作出科学总结，提炼规律性认识，为完善中国特色社会主义法治体系、建设社会主义法治国家提供理论支撑。法学学科体系建设对于法治人才培养至关重要。我们有我们的历史文化，有我们的体制机制，有我们的国情，我们的国家治理有其他国家不可比拟的特殊性和复杂性，也有我们自己长期积累的经验和优势，在法学学科体系建设上要有底气、有自信。要以我为主、兼收并蓄、突出特色，深入研究和解决好为谁教、教什么、教给谁、怎样教的问题，努力以中国智慧、中国实践为世界法治文明建设作出贡献。对世界上的优秀法治文明成果，要积极吸收借鉴，也要加以甄别，有选择地吸收和转化，不能囫囵吞枣、照搬照抄。

（摘自习近平在中国政法大学的讲话）

材料二： 坚持从中国实际出发。中国特色社会主义道路、理论体系、制度是全面推进依法治国的根本遵循。必须从我国基本国情出发，同改革开放不断深化相适应，总结和运用党领导人民实行法治的成功经验，围绕社会主义法治建设重大理论和实践问题，推进法治理论创新，发展符合中国实际、具有中国特色、体现社会发展规律的社会主义法治理论，为依法治国提供理论指导和学理支撑。汲取中华法律文化精华，借鉴国外法治有益经验，但决不照搬外国法治理念和模式。

（摘自《中共中央关于全面推进依法治国若干重大问题的决定》）

问题：（共 30 分）

根据以上材料，结合全面依法治国的指导思想，谈谈从中国实际出发的原则对于创新法治人才培养机制的意义。

答题区

答题要点

创新法治人才培养机制必须贯彻全面依法治国的指导思想，从中国实际出发，从而形成中国特色社会主义的法治人才培养机制。（3 分）

全面依法治国的指导思想是指全面依法治国，必须贯彻落实党的十八大和十八届三中全会精神，高举中国特色社会主义伟大旗帜，以马克思列宁主义、毛泽东思想、邓小平理论、“三个代表”重要思想、科学发展观、习近平新时代中国特色社会主义思想为指导，深入贯彻习近平总书记系列重要讲话精神，坚持党的领导、人民当家作主、依法治国有机统一，坚定不移走中国特色社会主义法治道路，坚决维护宪法法律权威，依法维护人民权益、维护社会公平正义、维护国家安全稳定，为实现“两个一百年”奋斗目标、实现中华民族伟大复兴的中国梦提供有力法治保障。（6 分）

这一指导思想要求我们的法治建设以及人才培养必须坚持从中国实际出发。具体而言有以下数端：

1. 必须以中国特色社会主义道路、理论体系、制度作为全面依法治国的根本遵循。(2分)正如习近平总书记所说，“我们有我们的历史文化，有我们的体制机制，有我们的国情，我们的国家治理有其他国家不可比拟的特殊性和复杂性”。(2分)

2. 必须从我国基本国情出发，发展符合中国实际、具有中国特色、体现社会发展规律的社会主义法治理论，为依法治国提供理论指导和学理支撑。(2分)正如习近平总书记指出，只有以正确的法治理论引领，才可能有正确的法治实践。(2分)

3. 必须汲取中华法律文化精华，借鉴国外法治有益经验，但决不照搬外国法治理念和模式。(2分)正如习近平总书记所说，在法学学科体系建设上要以我为主、兼收并蓄、突出特色，对世界上的优秀法治文明成果不能囫囵吞枣、照搬照抄。(2分)

创新法治人才培养机制必须贯彻从中国实际出发的基本原则。(1分)这就要求我们必须坚持用马克思主义法学思想和中国特色社会主义法治理论全方位占领高校、科研机构、法学教育和法学研究阵地，加强法学基础理论研究，形成完善的中国特色社会主义法学理论体系、学科体系、课程体系。(3分)与此同时，必须坚持立德树人、德育为先的导向，推动中国特色社会主义法治理论进教材、进课堂、进头脑，培养、造就熟悉和坚持中国特色社会主义法治体系的法治人才及后备力量。(3分)

法治人才培养机制的创新必须从中国实际出发，贯彻全面依法治国的指导思想，唯此，才能真正以中国智慧解决新时代中国特色社会主义法治建设的问题，从而为世界法治文明建设作出应有的贡献。(2分)

案例十四 党对法治建设的领导

材料一：历史是最好的老师。经验和教训使我们党深刻认识到，法治是治国理政不可或缺的重要手段。法治兴则国家兴，法治衰则国家乱。什么时候重视法治、法治昌明，什么时候就国泰民安；什么时候忽视法治、法治松弛，什么时候就国乱民怨。法律是什么？最形象的说法就是准绳。用法律的准绳去衡量、规范、引导社会生活，这就是法治。从现在的情况看，只要国际国内不发生大的波折，经过努力，全面建成小康社会目标应该可以如期实现。但是，人无远虑，必有近忧。全面建成小康社会之后路该怎么走？如何跳出“历史周期率”实现长期执政？如何实现党和国家长治久安？这些都是需要我们深入思考的重大问题。

（摘自习近平《在中共十八届四中全会第二次全体会议上的讲话》）

材料二：我国正处于社会主义初级阶段，全面建成小康社会进入决定性阶段，改革进入攻坚期和深水区，国际形势复杂多变，我们党面对的改革发展稳定任务之重前所未有、矛盾风险挑战之多前所未有，依法治国在党和国家工作全局中的地位更加突出、作用更加重大。面对新形势新任务，我们党要更好统筹国内国际两个大局，更好维护和运用我国发展的重要战略机遇期，更好统筹社会力量、平衡社会利益、调节社会关系、规范社会行为，使我国社会在深刻变革中既生机勃勃又井然有序，实现经济发展、政治清明、文化昌盛、社会公正、生态良好，实现我国和平发展的战略目标，必须更好发挥法治的引领和规范作用。

（摘自《中共中央关于全面推进依法治国若干重大问题的决定》）

问题：（共30分）

根据以上材料，结合十一届三中全会以来党对法治建设的领导，围绕坚持从中国实际出发的基本原则，谈谈你对全面依法治国的重大意义的认识。

答题区

答题要点

全面依法治国，是从中国实际出发的正确抉择，是历史的必然要求，更是中国共产党治国理政方略的重大决定。(3 分) 要言之，其内涵包括以下数端：

首先，坚持从中国实际出发，必须认识到中国特色社会主义道路、理论体系、制度是全面依法治国的根本遵循。必须从我国基本国情出发，同改革开放不断深化相适应，总结和运用党领导人民实行法治的成功经验，围绕社会主义法治建设重大理论和实践问题，推进法治理论创新，发展符合中国实际、具有中国特色、体现社会发展规律的社会主义法治理论，为依法治国提供理论指导和学理支撑。(6 分) 法治兴则国家兴，法治衰则国家乱，跳出“历史周期率”，离不开对中国实际的遵循和思考。(1 分)

其次，全面依法治国是历史的必然要求。(1 分) 中国从 19 世纪末以来的历史经验和教训表明，作为治国理政的重要手段，法治昌明与国泰民安有着直接的关系。全面依法治国，是着眼于实现中华民族伟大复兴中国梦、实现党和国家长治久安的长远考虑。对全面依法治国作出部署，既是立足于解决我国改革发展稳定中的矛盾和问题的现实考量，也是着眼于长远的战略规划。当前，我国正处于社会主义初级阶段，全面建成小康社会进入决定性阶段，依法治国在党和国家工作全局中的地位更加突出、作用更加重大。(6 分)

最后，全面依法治国，是中国共产党治国理政方略的重大决定。(1 分) 长期以来，特别是党的十一届三中全会以来，我们党深刻总结我国社会主义法治建设的成功经验和深刻教训，提出为了保障人民民主，必须加强法治，必须使民主制度化、法律化，把依法治国确定为党领导人民治理国家的基本方略，把依法执政确定为党治国理政的基本方式，积极建设社会主义法治，取得历史性成就。(4 分) 目前，中国特色社会主义法律体系已经形成，法治政府建设稳步推进，司法体制不断完善，全社会法治观念明显增强。这对于我国完成改革发展稳定的任务而言，具有不可取代的意义。(3 分)

综上所述，全面依法治国，是坚持和发展中国特色社会主义的本质要求和重要保障，是实现国家治理体系和治理能力现代化的必然要求，事关我们党执政兴国，事关人民幸福安康，事关党和国家长治久安。(5 分)

案例十五 提高立法质量与完善立法体制

材料一：某省正在修订过程中的《省旅游条例》改变了以往政府部门起草、人大常委会审议的模式，而是采取了由人大专门机构、常委会工作机构和政府部门、社会力量共同参与调研起草的新机制。该条例制定出台的过程，得到了方方面面的充分肯定。

目前，各级人大应该切实把握立法决策主导权，抓住每一件法规中的“关键几条”，基本上成为社会共识。其原因在于，多年以来，我国的立法体制是“一元多层”，其优点在于能够适应快速变动的社会，但是，其弊端也有二：一是立法的部门化，二是立法的地方化。部门化在于扩张并固化部门权益，必然侵害相对人的利益；地方化导致市场分割、封锁，设置壁垒，阻碍社会主义市场经济的统一和发展。多年以来的立法实践证明，“对遇到的分歧意见较大的重点难点问题，既要加大沟通协调力度，努力取得共识，又要勇于并善于在矛盾焦点上‘画杠杠’，妥善解决问题，防止部门利益法制化和地方保护”。

材料二：十八大以来，习近平总书记在一系列讲话中阐述了推进全面依法治国进程中科学立法的重要性，指出“不是什么法都能治国，不是什么法都能治好国；越是强调法治，越是要提高立法质量”。习近平说：“人民群众对立法的期盼，已经不是有没有，而是好不好、管用不管用、能不能解决实际问题。”他还指出，国家和人民整体利益再小也是大，部门、行业等局部利益再大也是小。各有关方面都要从党和国家工作大局出发看待立法工作，不要囿于自己那些所谓利益，更不要因此对立法工作形成干扰。

问题：（共30分）

根据以上材料，结合提高立法质量的要求，从完善立法体制的角度，

谈谈你对中国特色社会主义法治理论的认识。

答题区

答题要点

要从源头上消除立法的部门化、地方化，就要完善立法体制，建立立法机关主导立法的体制和工作机制，把立法权力放到综合性立法部门，切实提高立法质量。(4分)

具体而言，其举措有以下数端：

首先，要让人大主导立法。健全有立法权的人大主导立法工作的体制机制，发挥人大及其常委会在立法工作中的主导作用。正如近年来的实践所证明的，各级人大应该切实把握立法决策主导权。(4分)

其次，建立由全国人大相关专门委员会、全国人大常委会法制工作委员会组织有关部门参与起草综合性、全局性、基础性等重要法律草案制度。人大要抓住每一件法规中的“关键几条”，要对遇到的分歧意见较大的重点难点问题，勇于并善于在矛盾焦点上“画杠杠”，妥善解决问题。(4分)

再次，增加有法治实践经验的专职常委比例。依法建立健全专门委员会、工作委员会立法专家顾问制度。实践证明，采取由人大专门机构、常委会工作机构和政府部门、社会力量共同参与调研起草的新机制，可以取得良好的社会效果。(4分)

最后，要明确权力边界，引入第三方评估。明确立法权力边界，从体制机制和工作程序上有效防止部门利益和地方保护主义法律化。对部门间争议较大的重要立法事项，由决策机关引入第三方评估，充分听取各方意见，协调决定，不能久拖不决。要正确认识国家和人民整体利益，通过与部门、行业等局部利益的大与小的比较，确保提高立法质量。（4 分）

法律是治国之重器，良法是善治之前提。建设中国特色社会主义法治体系，必须坚持立法先行，发挥立法的引领和推动作用，抓住提高立法质量这个关键。要恪守以民为本、立法为民理念，贯彻社会主义核心价值观，使每一项立法都符合宪法精神、反映人民意志、得到人民拥护。要把公正、公平、公开原则贯穿立法全过程，完善立法体制机制，坚持立改废释并举，增强法律法规的及时性、系统性、针对性、有效性。（6 分）

提高立法质量，克服立法的地方化和部门化，是全面依法治国中的重要内容，是中国特色社会主义法治建设的基本格局之一，唯此，才能确保国家和人民整体利益，才能实现建成中国特色社会主义法治体系和社会主义法治国家的宏伟目标。（4 分）

案例十六　法官职业道德与司法体制改革

材料：李某利用担任某县人民法院法官之便，在案件办理过程中，数次收受案件当事人及代理人所送的现金、购物卡等财物，为案件当事人牟取利益，数额共计17.8万元。其事实如下：

1. 李某在承办某买卖合同纠纷案的过程中，在案件判决后的一天，被告蒋某的父亲为感谢李某在案件中的关照，在李某的办公室送其现金1万元，李某接受。

2. 李某在承办某建设工程合同纠纷案的过程中，该县县委书记对案件作出具体批示，根据这一批示，李某作出了原告胜诉的判决。原告为感谢李某在案件审理过程中的关照，在县博物馆边上送给李某现金1万元，李某予以接受。

3. 李某在承办某债权纠纷案的过程中，被告为获得李某的关照，在李某的家中送其现金10万元，李某收受后，于3日后又送回被告家中。在被告家里，因被告执意不肯收回现金，李某无奈之下，以出具借条的形式收下了这10万元现金，但是，至案发前李某并没有退还这10万元，也没有支付过利息。

4. 李某在担任某县人民法院法官期间，曾经借钱给亲朋好友，其金额为130万元，其间，收取利息总额为26万元。

问题：（共30分）

1. 李某的行为主要违反了《法官职业道德基本准则》中的哪两类规定？（10分）

2. 李某的行为违反了审判制度的哪一基本原则？请围绕这一原则，谈谈你对司法体制改革的认识。（20分）

答题区

答题要点

1. 李某的行为主要违反了《法官职业道德基本准则》中的“保持清正廉洁”“保障司法公正”的规定。(1分) 具体而言：

(1) 李某收受案件当事人及代理人的财物的行为违反了《法官职业道德基本准则》。(1分)《法官职业道德基本准则》规定，法官在履行职责时，不得直接或者间接地利用职务和地位谋取任何不当利益，也不得接受当事人及其代理人、辩护人的款待、财物和其他利益。(2分)

(2) 李某放贷取息的行为违反了《法官职业道德基本准则》。(1分)《法官职业道德基本准则》规定，法官不得参与可能导致公众对其廉洁形象产生不信任感的商业活动或者其他经济活动。(2分)

(3) 李某按照批示作出判决的行为违反了《法官职业道德基本准则》。(1分)《法官职业道德基本准则》规定，法官在履行职责时，应当忠实于宪法和法律，坚持和维护审判独立的原则，不受任何行政机关、社会团体和个人的干涉，不受来自法律规定之外的影响。同时，法官在审判活动中，应当独立思考、自主判断，敢于坚持正确的意见。(2分)

2. 李某的行为违反了审判独立这一审判制度的基本原则。(1分) 该原则是指人民法院依法行使职权，不受行政机关、社会团体和个人的干涉。这一原则落实到具体的司法过程中，首先要求法官能以良知及法律审判而不受干涉，以确保裁判正确。法官审判独立之要求表明，其他机关、团体、个人对具体司法事务的建议、推荐、游说、请求、要求，均属于干涉审判独立。(4分)

本案中，李某理应坚持超然独立的立场，拒绝案件当事人、代理人的请托，以及有关领导的干涉，从而保障案件审判的公正、合法。(2分) 但是，李某却并未坚守这一基本的伦理要求，反而做出了违反法律的审判，这不仅让具体案件的当事人未能得到平等的对待，更是对司法公信力的严重破坏。(3分)

审判独立是司法独立的应有之义，更是我国司法体制改革的重要内容之一。(2分) 目前，我国的司法独立更多的是法院层面上的独立，尚未完全达到个体层面的法官独立的程度，在司法实践中，法官个体的独立仍存在许多障碍。(3分) 因此，确保审判独立在法院、法官诸层面均得以落实势在必行，这也是实现司法公正的前提之一。(2分) 唯有通过司法体制改革，确保审判独立，才能最终让人民群众在每一个案件中感受到公平正义。(3分)

第4编 法律格言分类举要

一、立法

序　号	法律格言	出　　处
1	法律之明了，不尽在其条文之详尽，乃在其用意之明显，而民得其喻也。	霍布斯《利维坦》
2	尽量大可能把关于他们的意志的知识散布在人民中间，这就是立法机关的义务。	边　沁
3	法律就像旅行一样，必须为明天做准备。它必须具备成长的原则。	卡多佐
4	在世界各主要文明中，古代中国是距离法治最为遥远的一种，甚至与欧洲形成了两极相对的反差。	滋贺秀三
5	法者，天下之仪也。所以决疑而明是非也，百姓所县命也。	管子《管子·禁藏》
6	立法者三句修改的话，全部藏书就会变成废纸。	基希曼
7	宪法是一个无穷尽的、一个国家的世代人都参与对话的流动的话语。	劳伦·却伯
8	宪法创制者给我们的是一个罗盘，而不是一张蓝图。	波斯纳
9	宪法就是一张写着人民权利的纸。	列　宁

续表

序　号	法律格言	出　　处
10	法律规定得愈明确，其条文就愈容易切实地施行。	黑格尔《法哲学原理》
11	法令者，民之命也，为治之本也。	《商君书·定分》
12	在民法慈母般的眼神中，每个人就是整个国家。	孟德斯鸠
13	规外求圆，无圆矣；法外求平，无平矣。	宋祁《宋景文笔记》
14	圣人能生法，不能废法而治国。	《管子·法法》
15	法者，治之端也。	《荀子·君道》
16	法律的基本意图是让公民尽可能的幸福。	柏拉图《法律篇》
17	法律决非一成不变的，相反地，正如天空和海面因风浪而起变化一样，法律也因情况和时运而变化。	黑格尔《法哲学原理》
18	特例不应成为立法之依据。	法　谚
19	法无明文规定不为罪，法无明文规定不处罚。	法　谚
20	有一百条法律，却有一百零一个问题。	法　谚
21	理解法律，特别是要理解法律的缺陷。	边　沁

二、执法

序　号	法律格言	出　　处
1	法律不可能使本质上是道德的或纯洁的行为变为犯罪行为，正如它不能使犯罪行为又变成纯洁的行为一样。	雪莱《人权宣言》
2	刑罚知其所加，则邪恶知其所畏。	诸葛亮《便宜十六策·赏罚》
3	不知法律不免责。	法　谚
4	法律是一种不断完善的实践，虽然可能因其缺陷而失效，甚至根本失效，但它绝不是一种荒唐的玩笑。	德沃金

续表

序号	法律格言	出处
5	吏不良，则有法而莫守；法不善，则有财而莫理。	王安石《度支副使厅壁题名记》
6	只要法律不再有力量，一切合法的东西也都不会再有力量。	卢梭《社会契约论》
7	警察是法庭的仆人。	法谚
8	无犯意则无犯人。	法谚

三、司法

序号	法律格言	出处
1	民不举官不究。（注：司法具有被动性，即不告不理）	法谚
2	法官是法律世界的国王，除了法律就没有别的上司。	卡尔·马克思
3	法治意味着，政府除非实施众所周知的规则，否则不得对个人实施强制。	哈耶克
4	法是一套权威性的审判指南或者基础。	庞德《通过法律的社会控制法律的任务》
5	法律显示了国家几个世纪以来发展的故事，它不能被视为仅仅是数学课本中的定律及推算方式。	霍姆斯
6	民众对权利和审判的漠不关心的态度对法律来说，是一个坏兆头。	庞德
7	法官乃会说话的法律，法律乃沉默的法官。	爱德华·考文
8	应该以既定的、向全国人民公布周知的、经常有效的法律，而不是以临时的命令来实行统治；应该由公正无私的法官根据这些法律来裁判纠纷。	洛克《政府论》

续表

序　号	法律格言	出　　处
9	一次不公的裁判比多次不平的举动为祸犹烈。因为这些不平的举动不过弄脏了水流，而不公的裁判则把水源败坏了。	培根《论司法》
10	公正不是德性的一个部分，而是整个德性；相反，不公正也不是邪恶的一个部分，而是整个邪恶。	亚里士多德
11	无证人即无诉讼。	法　谚
12	无保障的权利不是权利。	法　谚
13	显著之事实，无需证明。	法　谚
14	有规则就有例外。	法　谚
15	有损害即有赔偿。	法　谚
16	超出管辖权所作的判决不必遵守。	法　谚
17	无救济，即无权利。	法　谚
18	程序是法治和恣意而治的分水岭。	法　谚
19	程序先于权利。	法　谚
20	迟来的正义即非正义。	法　谚
21	呆板的公平其实是最大的不公平。	托马斯·福勒
22	任何人均不得因其不法行为而获益。	法　谚
23	对于未起诉的事项，法院不得有所作为。	法　谚

四、守法

序　号	法律格言	出　　处
1	服从法律：无论是我或任何人都不能摆脱法律的光荣的束缚。	卢梭《论人类不平等的起源和基础》
2	石以砥焉，化钝为利；法以砥焉，化愚为智。	刘禹锡《砥石赋》
3	由于有法律才能保障良好的举止，所以也要有良好的举止才能维护法律。	马基雅弗利

续表

序号	法律格言	出处
4	法发展的重心不在立法、不在法学，也不在司法判决，而在社会本身。	埃利希
5	法分明，则贤不得夺不肖，强不得侵弱，众不得暴寡。	韩非《韩非子·守道》
6	带来安定的是两种力量：法律和礼貌。	歌德《歌德的格言和感想集》
7	法大行，则是为公是，非为公非。	刘禹锡《天论上》
8	法律的真正目的是诱导那些受法律支配的人求得他们自己的德行。	阿奎那《神学大全》
9	无论何人，如为他人制定法律，应将同一法律应用于自己身上。	阿奎那
10	没有信仰的法律将退化成为僵死的教条，而没有法律的信仰将蜕变成为狂信。	伯尔曼

五、法律监督

序号	法律格言	出处
1	在民主的国家里，法律就是国王；在专制的国家里，国王就是法律。	卡尔·马克思
2	法律职业的社会地位是一个民族文明的标志。	费尔德

六、法治与德治

序号	法律格言	出处
1	世界上唯有两样东西能让我们的内心受到深深的震撼，一是我们头顶上灿烂的星空，一是我们内心崇高的道德法则。	康德
2	法律之内，应有天理人情在。	《安提戈涅》

续表

序　号	法律格言	出　　处
3	法律是显露的道德，道德是隐藏的法律。	林　肯
4	善良的心是最好的法律。	麦克莱
5	法治首先是良法之治。	亚里士多德

七、法与平等

序　号	法律格言	出　　处
1	法律不能使人人平等，但是在法律面前人人是平等的。	波洛克
2	法不阿贵，绳不绕曲。	韩非《韩非子・有度》
3	刑罚的威慑力不在于刑罚的严酷性，而在于其不可避免性。	贝卡利亚
4	人与人是不相同的，人们不能将法律面前人人平等理解成平等就是一视同仁、人人相等。	路德维希・冯・米瑟斯

八、法与自由

序　号	法律格言	出　　处
1	自由就是做法律许可范围内的事情的权利。	西塞罗
2	不得为了公共利益而无原则地牺牲个人自由。	李斯特
3	在一切能够接受法律支配的人类的状态中，哪里没有法律，那里就没有自由。	洛克《政府论》
4	法不禁止即自由。	法　谚
5	在一个有法律的社会里，自由仅仅是：一个人能够做它应该做的事情，而不被强迫去做他不应该做的事情。自由是做法律所许可的一切事情的权利；如果一个公民能够做法律所禁止的事情，他就不再有自由了，因为其他人也同样会有这个权利。	孟德斯鸠

续表

序　号	法律格言	出　　处
6	不管会引起人们怎样的误解，法律的目的不是废除或限制自由，而是保护和扩大自由。	洛　克
7	有理智的人在一般法律体系中生活比在无拘无束的孤独中更为自由。	斯宾诺莎

九、法与秩序

序　号	法律格言	出　　处
1	法无明文规定不为罪，法无明文规定不处罚。	法　谚
2	法律是一种强制性秩序。	凯尔森《法律和国家概论》
3	水者火之备，法者止奸之禁也。	桓宽《盐铁论·申韩》
4	法律给人们以一种安全感和可靠感，并使人们不致在未来处于不祥的黑暗之中。	布鲁纳
5	法，国之权衡也，时之准绳也。	吴兢《贞观政要·公平》
6	无论对个人还是对社会，预防犯罪行为的发生要比处罚已经发生的罚罪行为更有价值，更为重要。	李斯特
7	小恶不容于乡，大恶不容于国。	苏轼《策别安万民六》
8	法令所以导民也，刑罚所以禁奸也。	司马迁《史记·循吏列传》
9	律者，所以定分止争也。	管子《管子·七臣七主》
10	法律的真谛，就是没有绝对的自由，更没有绝对的平等。	郭道晖
11	人生而自由，但却无往不在枷锁之中。	卢　梭